U0038603

吉 田 松 陰

世界哲學家叢書

山 口 宗 之 著

馬 安 東 譯

1990

東 大 圖 書 公 司 印 行

國立中央圖書館出版品預行編目資料

吉田松陰／山口宗之著、馬安東譯。
--初版。--臺北市：東大出版：
三民總經銷，民79
　　　面；　　公分。--（世界哲學
家叢書）
參考書目：面125-126
含索引
ISBN 957-19-0343-4（精裝）
ISBN 957-19-0344-2（平裝）

　　1.吉田松陰-傳記

783.18　　　　　　　　　79001169

© 吉田松陰

著　者　山口宗之
譯　者　馬安東
發行人　劉仲文
出版者　東大圖書股份有限公司
總經銷　三民書局股份有限公司
印刷所　東大圖書股份有限公司
地址／臺北市重慶南路一段六十一號二樓
郵撥／〇一〇七一七五―〇號
初版　中華民國七十九年十二月
編號　E 13005
基本定價　貳元陸角柒分
行政院新聞局登記證局版臺業字第〇一九七號

有著作權·不准侵害

ISBN 957-19-0344-2（平裝）

《世界哲學家叢書》總序

　　本叢書的出版計劃原先出於三民書局董事長劉振強先生多年來的構想，曾先向政通提出，並希望我們兩人共同負責主編工作。一九八四年二月底，偉勳應邀訪問香港中文大學哲學系，三月中旬順道來臺，即與政通拜訪劉先生，在三民書局二樓辦公室商談有關叢書出版的初步計劃。我們十分贊同劉先生的構想，認為此套叢書（預計百冊以上）如能順利完成，當是學術文化出版事業的一大創舉與突破，也就當場答應劉先生的誠懇邀請，共同擔任叢書主編。兩人私下也為叢書的計劃討論多次，擬定了「撰稿細則」，以求各書可循的統一規格，尤其在內容上特別要求各書必須包括 (1) 原哲學思想家的生平；(2) 時代背景與社會環境；(3) 思想傳承與改造；(4) 思想特徵及其獨創性；(5) 歷史地位；(6) 對後世的影響（包括歷代對他的評價），以及 (7) 思想的現代意義。

　　作為叢書主編，我們都了解到，以目前極有限的財源、人力與時間，要去完成多達三、四百冊的大規模而齊全的叢書，根本是不可能的事。光就人力一點來說，少數教授學者由於個人的某些困難（如筆債太多之類），不克參加；因此我們曾對較有餘力的簽約作者，暗示過繼續邀請他們多撰一兩本書的可能性。遺憾

的是， 此刻在政治上整個中國仍然處於「一分為二」的艱苦狀
態，加上馬列教條的種種限制，我們不可能邀請大陸學者參與撰
寫工作。不過到目前為止，我們已經獲得八十位以上海內外的學
者精英全力支持，包括臺灣、香港、新加坡、澳洲、美國、西德
與加拿大七個地區；難得的是，更包括了日本與大韓民國好多位
名流學者加入叢書作者的陣容，增加不少叢書的國際光彩。韓國
的國際退溪學會也在定期月刊《退溪學界消息》鄭重推薦叢書兩
次，我們藉此機會表示謝意。

原則上，本叢書應該包括古今中外所有著名的哲學思想家，
但是除了財源問題之外也有人才不足的實際困難。就西方哲學來
說，一大半作者的專長與興趣都集中在現代哲學部門，反映着我
們在近代哲學的專門人才不太充足。再就東方哲學而言，印度哲
學部門很難找到適當的專家與作者；至於貫穿整個亞洲思想文化
的佛教部門，在中、韓兩國的佛教思想家方面雖有十位左右的作
者參加，日本佛教與印度佛教方面卻仍近乎空白。人才與作者最
多的是在儒家思想家這個部門，包括中、韓、日三國的儒學發展
在內，最能令人滿意。總之，我們尋找叢書作者所遭遇到的這些
困難，對於我們有一學術研究的重要啟示（或不如說是警號）：
我們在印度思想、日本佛教以及西方哲學方面至今仍無高度的研
究成果，我們必須早日設法彌補這些方面的人才缺失，以便提高
我們的學術水平。相比之下，鄰邦日本一百多年來已造就了東西
方哲學幾乎每一部門的專家學者， 足資借鏡， 有待我們迎頭趕
上。

以儒、道、佛三家為主的中國哲學， 可以說是傳統中國思
想與文化的本有根基，有待我們經過一番批判的繼承與創造的發

展，重新提高它在世界哲學應有的地位。為了解決此一時代課題，我們實有必要重新比較中國哲學與（包括西方與日、韓、印等東方國家在內的）外國哲學的優劣長短，從中設法開闢一條合乎未來中國所需求的哲學理路。我們衷心盼望，本叢書將有助於讀者對此時代課題的深切關注與反思，且有助於中外哲學之間更進一步的交流與會通。

　　最後，我們應該強調，中國目前雖仍處於「一分為二」的政治局面，但是海峽兩岸的每一知識份子都應具有「文化中國」的共識共認，為了祖國傳統思想與文化的繼往開來承擔一份責任，這也是我們主編《世界哲學家叢書》的一大旨趣。

傅偉勳　韋政通

一九八六年五月四日

自　序

　　吉田松陰乃明治維新史上最著名的人物，亦為近代日本之創立作出重大貢獻的代表志士。眾多的日本人至今仍尊其為人生師表。自一八九○年至現在，以吉田松陰為題的單行本接連出版即可為例證。近二百冊有關松陰的研究專著，可謂將松陰的一切論之詳盡，再撰此書究竟意義何在？我不得不撫索自問。

　　對於《世界哲學家叢書》在為數眾多的日本思想家中遴選出松陰之卓見，我致以深深地敬意。自知學疏才淺而斗膽接受本書執筆之委託，蓋出自以下之由。

　　最重要者因為松陰是日本精神史上罕見的人物，他一絲不苟、執著追求的一生，本身就充滿了哲學性。著名的政治家、教師未必都可為人師表；創立了精彩的理論體系卻未將其付諸實踐的學者、思想家亦不勝枚舉，而如松陰般出色地將學問、思想與人生融為一體之例，實前所未聞。正因如此，雖歷百年歲月，眾多的日本人仍喜閱松陰傳，熟讀其遺文遺稿，熱中於以松陰的人生為典範的松陰研究。我之所以欲在汗牛充棟般絕非等閒之同類研究書籍中，斗膽再添此書，其理由亦在於此。

　　本書力圖在第一部分勾畫出松陰生前的時代背景——十九世紀中葉世界歷史狀況及當時處於動盪不止的封建鎖國下的日本，介紹誕生在長州一隅的松陰當時的家庭環境——松陰與父母兄弟

友人的交流。無論何等天才俊秀，若拋開其生活的時代與環境來談，則難以深入其精髓。

　　第二、對於介紹松陰三十年生涯一絲不苟、執着追求，安然赴刑場的傳記部分，則力求予以準確地考證。松陰的一生，可謂哲學的體現，能够弄清其在何種情况下如何處身行事，即為領會其哲學之真諦。

　　第三、介紹分析松陰思想的核心，亦可謂哲學家松陰一生的原動力「尊王攘夷論」——敬慕天皇的思想。眾所周知，「尊王攘夷論」雖成為明治維新運動的指導思想，然而對於天皇應如何理解，在理論上，當今的學術界、思想界猶不能說已有定論。我認為松陰提起的問題，就在於其對存在於日本歷史上，而且今後也將繼續存在的天皇應該是如何一種存在所進行的摸索。因此，我在本書中，將一步步探討松陰自己的語錄，着意闡明這個問題。

　　以上三點，在迄今為止大量的研究松陰的專著中已有論述，難以說有何新鮮理論見解，然而，作為研究者，並不是從客觀的角度論述松陰，而是立足於松陰所處的時代，將其人生作為自己的典範，設身處境地盡可能準確地把松陰的形象再現給對松陰尚不了解的人們。從這點來看，我想還不能說此書沒有意義。此書的出版倘若能成為一點契機，喚起大家對松陰的興趣，出現願意從龐大的《吉田松陰全集》中直接體驗松陰精髓的讀者，我將感到無上榮幸。

山　口　宗　之

平　成（1990）年

九　月　十　二　日　識

吉 田 松 陰

目 次

前　言

　　所謂「志士」，係指何種樣人呢？《廣辭苑》（岩波書店刊，新村出編，昭和三十（1955）年出版）稱：

　　　　具有高大志向之人。有志於爲國家、社會而犧牲自身盡力之人。

古今東西，被稱作志士之人輩出，其英名長垂青史。但若欲於日本求之二九，當可於時處內外多難、爲建立近代國家而苦鬪之幕末維新史上，尋得具體例證。而要舉出眞正可稱作志士之人，試以二、三人爲限，則大部分人不會對提出屈指者：松陰·吉田寅次郎矩方有什麼異議吧！

　　吉田松陰係何許人也？一言以蔽之，誠如奈良本辰也所指出之，爲在「學問、思想及作爲人之眞正價值過於乖離的眾多之人」充塞的現代社會中，「深爲松陰作爲一眞正的人的形象所吸引」（《吉田松陰》，岩波書店，昭和二十六年刊），松陰是一位學問與思想及作爲人的價值（人格）幾乎一體化了的少有的人物。確實，惟有松陰，對那些苦於科學（學問）與道德（人格）

之乖離的現代人來講，是令人難以忘卻的心中的綠洲，是可稱之爲靈魂之故鄉的優秀人物，也是與志士之典型相符的難得的例子。

說及於此，以「吉田松陰」爲題名之單行本之多，亦爲佐證。與明治維新史有關人物的傳記開始刊行，除去地區性小册子，大體爲明治二十二、三(1889-90)年左右至其後的事。明治二十二年帝國憲法頒佈，翌年第一次眾議院選舉，我國近代國家體制因而建立，明治維新成立二十年，安政大獄後三十年這一節眼，不僅於學界，而於一般人士亦轉而重新確認幕末先覺者之事蹟與其歷史性意義。

這之中論述松陰的，以明治十三(1870)年《假名插入皇朝名臣傳》書中所收中澤寬一郎編、溝口嘉助著爲最先，至昭和四十一(1966)年止除去創作、小說之類，作爲學問之對象的單行本多達一九〇册❶。這在幕末維新期有關人物中是獨占鰲頭的。次於此的，爲西鄉隆盛❷一七九册，這於國民之人望言，是理所當然

---

❶ 法政大學文學部史學研究室編集 《日本人物文獻目錄》，昭和五十一(1976)年平凡社刊。此外，昭和二十八年撰寫了《吉田松陰》（弘文堂出版），下程勇吉博士於昭和六十三(1988)年對此進行了大幅度改訂和增補，形成了題爲 《吉田松陰之人間學研究》 （廣池學園出版部）的巨册。此堪稱今日松陰研究的集大成。

❷ 文政十(1827)年～(1877)年。作爲長子出生在薩摩藩一位下級武士家中，爲藩主島津齊彬慧眼所識，曾從事全國水平的政治運動，但因受安政大獄追究而潛居大島。復歸後促成了與長州藩之間的同盟，領導倒幕運動，被譽爲明治維新成立上的第一等功勞。後雖昇至參議、陸軍元帥 （大將）、近衛都督，但因征韓論問題辭職歸鄉。爲鄉黨子弟所擁戴而試圖責問政府 （西南戰爭）。後自刄於鹿兒島。

的。此外，橋本左內❸四十一册；坂本龍馬❹也是四十一册；高杉晉作❺二十二册；久坂玄瑞❻十一册。

　　值得注意的是，松陰編的著者不僅限於歷史學者、教育（哲學）家，還廣而包括了評論家、思想家、宗教家以至小說家。並且，除去維新志士研究書的公開刊行受到壓抑的第二次大戰後的占領時代外，從明治初年直至近日幾乎一直有人在寫着。大致說來，人們每年都可從書店的書架上見到新的松陰論著。無論是右傾化、左傾化、緊張、鬆緩，在各個時代，松陰一定給那些意欲認眞生活的人們以指針，以尋求它的意義。這麼有魅力的人，就是這位吉田松陰。

　　那麼，松陰究竟是怎樣的一個人呢？對此我們將通過他所生活過的時代，來談談他三十年的生涯，以探討一下各個問題。總之，他的學問與思想，作爲一個人的眞正價值出色地一體化了的松陰的形象是顯而易見的。

---

❸　越前福井藩士，天保五(1834)年生。蘭學、西洋醫術皆修，亦解英語、德語，精通世界各種情況，倡導日俄同盟論。依藩主松平慶永之命，爲擁立一橋慶喜任第十四代將軍的運動四處奔走，事未成，安政六(1859)年於安政大獄被處決。年二十六歲。

❹　天保六(1835)年生於高知藩鄉士之家。文久二(1862)年以後參加全國水平的政治運動，爲藩長同盟之成立而盡力。慶應三(1867)年遭幕吏襲擊被殺。

❺　長州藩士，天保十(1839)年生。爲松陰門生，與久坂玄瑞齊名。文久三(1863)年編成奇兵隊以應攘夷，且在征長之役中亦十分活躍，慶應三(1867)年病死。

❻　天保十一(1840)年生於長州藩藩醫之家。松陰門生之一，與松陰妹妹結婚。挺身於尊攘倒幕運動，元治元(1864)年禁門之變中自刃。

第一章　在時代中

第一節　概　　述

　　松陰三十年的生涯，大約可分爲四個時期來考慮。嘉永二(1849)年至二十歲止爲第一時期；翌年嘉永三年八月至安政元(1854)年三月止爲第二時期；同年四月至安政五年六月止爲第三時期；接下來翌年十月至刑死爲第四期。

　　第一時期，松陰六歲繼承了山鹿流兵學師範的叔父吉田大助的家業，努力於家學傳統學問的修得，十一歲時卽爲長州藩主毛利敬親❶宣講《武教全書・戰法篇》。其後也時有進講，或受親試，每次均十分出色，故得褒辭，以至十九歲時卽被允許獨立師範了。也就是說，他以自身之努力，接受了課於他的學問之體系，並出色地咀嚼消化，成爲一個成長的準備時期。這期間，松陰未曾離開過萩，乃至長州的天地。

　　第二時期，嘉永三年八月二十五日二十一歲的松陰首次渡過關門海峽，踏上了九州遊歷的征途。他在北九州市內司區大里棄

---

❶　1819-72。天保八(1837)年繼承家督，明治二(1869)年以前位處藩主之座，正處應對幕末維新激烈動盪時期。他深愛松陰之事，廣爲人知。

船上岸，經小倉，循長崎街道，越飯塚、冷水峠而入肥前路。並抵佐賀、武雄、嬉野、大村、諫早、長崎。又折回，自諫早、大村過佐世保而達平戶。在此滯留五十餘日，從學葉山佐內❷、山鹿戶助❸後，再返長崎，經天草、島原而繼遊熊本、柳川、佐賀，又經久留米踏上歸途。與來路相同，又循長崎街道，由大里往下關渡過海峽，於十二月二十九日返抵萩。在長達四個月的旅行中，他訪各地文武名士，接觸到了民情、史跡以及海外的文物氣氛，獲得了豐富的體驗。翌年嘉永四年二十二歲時，於四月間他初次前往江戶，從學於佐久間象山❹，並與宮部鼎藏❺深交。且不等藩之允許即於十二月出發開始東北遊歷，在水戶迎來了正月新年，抵會津、新潟、佐渡、秋田、弘前、青森，得窺蝦夷地，經盛岡、仙台、米澤，四日返抵江戶。接着，即因藩譴下而於同年十二月被沒收家祿、士席，生活爲生父所養。但愛惜松陰之人格的藩主，允其可用十年時間遊學諸國，遂於翌年嘉永六年二十四歲再赴江戶。到達江戶不久，即遇着貝利率艦來日，奔至

❷ 名高行，號鎧軒，平戶藩家老職。十七歲時出江戶，入佐藤一齋門下。所著《儲保軌鑑》，倍受一齋推崇。元治元(1864)年歿，六十歲。

❸ 名高紹，號嚴泉，以山鹿流兵學仕平戶藩，爲家老格。安政三(1856)年歿，三十八歲。

❹ 信州松代藩士，文化八(1811)年生。從學於佐藤一齋，修朱子學，天保十(1809)年於江戶開私塾。因鴉片戰爭而受衝擊，開始學習蘭學，嘉永三(1850)年教授西洋式砲術，集衆多人才於門下。安政元(1854)年因松陰下田踏海事件連坐，在家鄉蟄居八年之後，元治元(1864)年上京欲爲公武合體、開國策之實現作一番事業，因係尊攘派於是年遭暗殺。時五十四歲。

❺ 熊本藩尊攘派志士，文政三(1820)年生。學山鹿流兵學，嘉永三(1850)年以後成爲松陰知己，東北遊歷時同行，聽下田踏海並予鼓勵。文久二(1862)年以後作爲在京志士領袖活動，元治元(1864)年爲新選組所襲而自刃。

浦賀，遂知黑船之偉容。與象山謀，以亡命海外，吸收新知識，而用於海防。九月自江戶出發，本應投俄國普察金號軍艦而趕往長崎，不期俄艦不在，無奈於十二月二十七日返回江戶。翌年安政元年正月再次迎來貝利艦，日美和親條約締結，下田開港，遂卽潛入於此，三月二十七日深夜與門人金子重之助❻偷偷登上美艦，乞請帶其渡美。然貝利不予應允，翌日自首，下幕府獄牢。卽：這一時期，可謂松陰始於九州遊歷，又東走西往擴大見聞，吸收新知識顯得飛躍的短暫一生中最自由的時期。

第三時期，松陰所犯，係爲當時最大之禁令海外渡航之罪，該當死罪。但意想不到獲幕府當局之寬大處理，被命蟄居家鄉萩。同年十月入萩野山獄，至翌年末止在獄期間爲同囚人講《孟子》，進而變爲輪流講解。回父家後，重新繼續，翌年安政三年六月以《講孟餘話》形式成書，成爲松陰著作中最大的一篇。從此時起，在近親子弟中求教於松陰者漸增，松下村塾之活動興旺起來，他自己亦四年多專心於讀書、思索、討論。雖日常生活已無行動自由，只能在村塾周圍而已，但對松陰來講，這是一個充實的時期。

第四時期，此時天下形勢大動。與美國總領事哈利斯之間關於修好通商條約之問題迅速發展，來到井伊直弼❼大老手上，卽未

<hr>

❻　長州藩走卒，天保二(1831)年生。嘉永六(1853)年於江戶初次與松陰會面，入松陰門下，伴隨松陰下田踏海一同活動。安政二(1855)年病死於萩的岩倉獄中，時二十五歲。

❼　彥根藩主，文化十二(1815)年生，安政五(1858)年成爲大老，於日美修好通商條約未獲勅許卽行簽訂，在將軍繼嗣問題上否斥有志大名、志士所推的一橋慶喜，自紀州德川家擁立第十四代家茂，將反對派則以安政大獄彈壓之。萬延元(1860)年三月三日於櫻田門外爲水戶藩浪士們所暗殺。

得朝廷同意而於六月十九日專斷締結了。松陰雖然素來絕非鎖國論者，而認爲惟有開國，向海外進出才是日本應取之道路，但這不可在外國強行要求下進行，歸根結柢需自主決定，主張在仰朝廷之命又在有志大名的贊同下實施。因此，「違勅」是無以容忍的暴舉，大違道義，是一條通往亡國的道路。他以此再三建議非倒幕而「諫幕」，爲此而撲上了性命。終於，發展到了提出間部老中要駕、大原三位西下之策。但主要門人中的多數認爲此爲無謀之策，害怕突生事變的長州藩當局，遂再次將松陰拘禁於野山獄。翌年安政六年據幕令，爲大獄訊問，松陰被解至江戶，遂告白幕府不曾察知之要駕、西下兩策以求反省，但這自然是不獲幕府寬諒的。十月二十七日作爲安政大獄最後的犧牲者，在刑叉下結束了生涯。時虛歲三十。

以上，我們不妨將第一時期稱爲準備・修養時期；第二時期爲諸國遊歷・活動時期；第三時期爲幽囚謹慎時期；第四時期爲諫幕志向・昂揚時期。但松陰三十年生涯，其學問與思想，作爲人的眞正價值貫穿始終，他燃燒的熱情是未曾減退過的。無論是政治論、施策、攘夷或言開港，或對藩政進言，提出主張，雖時有變改，但都是松陰賭上性命去思考、去苦惱、去追求的結果。這中間絲毫沒有譁眾取寵也沒有討價還價。松陰的存在乃至他的歷史意義，一言蔽之，可謂典型的尊攘派志士加倒幕論的倡導者，在這種概念性的言辭所無法包括之中，才眞正有着松陰的原本面目。在國家歷史中永生志士的典型，就是松陰這個人。

第二節　誕生──雙親及弟兄們

天保元（1830）年八月四日在長門國（今山口縣）毛利氏的

城下町萩的東郊松本村（今萩市大字椿東椎原），藩士杉百合之助常道人家生下一男孩。對百合之助來說，吉田松陰是次子。是年，正值第一百二十代仁孝天皇在位十四年，十一代征夷大將軍德川家齊就任四十四年，在長州藩又係毛利齊廣當政治世。深愛松陰的繼任藩主敬親的襲職，是天保八年松陰八歲時的事。

在幕末尊王攘夷論上被仰爲象徵的水戶九代藩主德川齊昭，着手於積極的藩政改革，其後成爲幕府天保改革之榜樣的，是同年五月和一年前的五月，作爲閣老實行了寬政改革的松平定信。松平以七十二歲高齡故世。在海外，巴黎七月革命亦是同樣年頭，而在諸國發佈鴉片嚴禁進口令，則是在次年了。

然而，就貝利來航而言，尚有二十餘年的期間，命令發現來航之外國船即行驅逐的一味驅逐令施行第五年，對外關係尚未太緊張。另一方面，在國內驚倒天下的大鹽平八郎之亂❽，時松陰八歲；鴉片戰爭爆發，時十一歲。而與幕末維新期著名人物相比，松陰誕生時橫井小楠❾二十二歲；佐久間象山二十一歲；眞木保臣❿十八歲；西鄉隆盛四歲；平野國臣⓫三歲；大久保利通

---

❽　天保八(1837)年二月時爲大坂町奉行元與力，陽明學者大鹽平八郎號稱爲匡正幕府政道之誤而發起的事件。此事件給與全國以極大的影響。

❾　熊本藩士，文化六(1809)年生。於藩校時習館修朱子學，鼓吹學問與政治相一致的實學，應越前福井藩所招，成爲松平慶永的顧問，倡導公武合體、開國貿易論。曾受邀參與明治政府，但於明治二(1869)年爲舊攘夷派暗殺。時年六十一歲。

❿　久留米水天宮神職，文化十(1813)年生。久留米藩之改革失敗後，嘉永五(1852)年被命蟄居。文久二(1862)年脫藩上京欲舉兵討幕，但以失敗告終。翌年再度上京，得三條實美信任，意在憑長州藩之武力實現王政復古，然八月十八日政變受挫。翌年治元(1864)年率兵上京，與幕府交火而戰，然敗北於禁門之變，自刃於天王山，年五十二歲。

⓫　福岡藩下級武士出身，文政十一(1828)年生。早早即爲國事奔走，數度入獄。文久三(1863)年爲期倒幕，舉兵但馬生野，然敗，於京都獄舍內中未受判決即被處決。年三十六歲。

❷ 則是同年八月十日生的，對此，松陰之後，橋本左內四年後；坂本龍馬五年後；木戶孝允❸ 六年後；高杉晉作九年後才來到人世。

松陰幼名虎之助，後爲大次郎、松次郎；又改爲寅次郎，遂成爲一生之通稱。實名矩方，字子義、義卿、松陰；又號二十一回猛士。生家的「杉」爲二十畫，故自期一生當決行二十一回之猛。今天東京世田谷松陰神社背後有松陰之奧津城，墓碑銘「松陰二十一回猛士墓」即爲遵其遺命而刻的。天保五（1834）年五歲時，其父之弟吉田大助病死，松陰遂成其養嗣子，繼吉田姓。

吉田家因始祖友之允重矩精通和漢兵法，而爲毛利家所召，從學於山鹿素行之嫡男藤介高基，得被傳授山鹿流兵學之奧義。在山鹿兵學上，有着「三重極秘」之傳統，代代不傳三人以上，但重矩被選爲其中一人。以後代代相承，直至養父大助。家祿因時代不同雖各有異，但至大助時仍給五十七石六斗，屬大番組。勢派較杉家略上。吉田家當主有在藩校明倫館講授家傳之山鹿流兵學之任務，第八代的松陰自然也難逃其責。也就是說，到了六歲，松陰不論情願與否，就被決定了將要成爲一位父祖傳下的山鹿流兵學者了。然因其尙在幼年，嗣吉田家之後，事實上仍在父家杉氏居宅，是在親生父母及兄弟們身旁長大的。

---

❷ 薩摩藩士，與西鄉同爲薩摩藩維新運動中心人物。天保元(1830)年生。歷任明治政府的參與、參議、大藏卿、內務卿，作爲中心人物推進現代化之改革，西南戰爭中與舊日同志西鄉對面而戰。明治十一(1878)年爲反對派士族暗殺。時年四十九歲。

❸ 舊名桂小五郎。長州藩士，天保四(1833)年生。嘉永二(1849)年入松陰兵學門下。萬延元(1860)年以後參加尊攘倒幕運動，成爲長州藩中心人物結長同盟。作爲明治政權的參與、參議、文部卿、內閣顧問，與大久保利通等取同一步調努力於內政整備。西南戰爭雖與西鄉對面作戰，但於明治十(1877)年病故，年四十五歲。

　　松陰生家杉家，始於元祿(1688-1703)年時代第一代父左衛門政常，爲藩主毛利氏所召之時。其勢派爲無給通，有俸祿而無給地，六十石以下者有五十二人屬其，在藩士階層中當屬下級武士。其父百合之助世祿二十六石，自政常算起，爲第五代。基於宗門改帳的杉家之宗旨，屬於淨土眞宗本願寺派，其母晚年「作爲深奉其道諗佛之行者」(下程勇吉《吉田松陰之人間學研究》，頁8)，而一心於諗佛信仰。松陰誕生時，其父百合之助二十七歲，其母瀧子二十四歲，兄梅太郎(民治)長其兩歲。祖母岸田氏五十一～二歲，其父之弟嗣玉木家的文之進亦住在杉家。杉、吉田、玉木三氏，數代通婚，是可稱之爲一個家族的適當的近親親戚關係。

　　其父百合之助接受了酷愛讀書的家系血統，他的父親自江戶寄來《論語集註》時，喜得他不知如何是好，這也充分說明了他是位好學之人(同上書頁4)。文政八(1825)年得藩之允許，家遷遠離城下的護國山麓團子巖地，住進了藩士某之別墅，取名「樹樹亭」。這裏四周沒有人家十分恬靜，正門有三張席子大；六張席子大的房間有二間，三張席子大的房間有二間，外加厨房、馬厩、小倉庫與主屋分開，整座房子建築簡單樸素。俸祿微少，加之家庭人口又多，雖是武士，生活上還需常常農耕以補。往往在耕作之閒隙於畎道上授孩子們吟誦詩文或讓孩子們只讀而不講解。他敬神崇祖之念甚篤，祖靈之祭從不勞人，在參拜藩主的廟所、氏神、八幡宮等時，必在前日自淸其身，着上特意準備之淸淨衣服。爲避途中遇人而被迫說出無用之話，必在天未亮時卽行動身，並常獻上用淸水洗淨之寬永通寶(《吉田松陰全集》普及版「以下簡稱《全集》」一二，頁230-1)。杉家宗旨如前所

述，爲淨土眞宗。但百合之助對神道的傾倒，似乎是很強烈的。慶應元（1865）年因患感冒而臥床不起，八月二十九日逝世。這是松陰刑死後第六年。百合之助走完了自己六十二年樸直的人生道路。

其母瀧子，文政九（1826）年二十歲時嫁至百合之助家，生有三男四女。她助百合之助駕馬勵耕，天保十四（1843）年起六年間，百合之助在萩城中公務而不在家，因有瀧子而無後顧之憂。她仁愛之心甚深。婆婆的妹妹岸田氏守寡寄食杉家，生病自需瀧子照料，但瀧子不厭其煩，收拾污物，其婆婆泣而謝之。松陰受刑時瀧子五十三歲，六年後百合之助亦去世。明治九(1876)年末子敏三郎死，同年萩亂起，玉木文之進及有血緣者相連而丟卻性命，就是在此等悲痛境況下，她也未曾驚慌失措，而毅然處之。晚年作爲吉田松陰之母，倍受世子崇敬，家中桌上有英照⑭、照憲⑮兩皇太后之照片，並榮獲賜羽二重、縮緬各一匹、點心一折。明治二十二（1889）年松陰被追贈正四位，並有議論策畫建造松陰神社，松下村塾之修築亦大體完工，將迎來上棟式之時，於翌年八月二十九日患流感而全八十四歲之天壽。七日後，照憲皇太后傳下追弔之恩旨，並下賜祭祀費壹佰元。百合之助死後，她篤信佛教傾向甚濃，常唱諗佛，其法名實成院釋知覺乘連大姊，爲西本願寺法主所選。

松陰在這雙親之間，有一兄，一弟，三妹。兄梅太郎，長松陰二歲，兄弟倆自幼和睦相處，從未有遇爭執。兄弟倆學習、喫

---

⑭ 孝明天皇女御，明治元(1868)年皇太后宣下。天保五(1834)年生，明治三十(1897)年駕崩。

⑮ 明治天皇皇后。嘉永三(1850)年生，大正三(1914)年駕崩。

飯、睡覺都總在一起。松陰成人後亦常換書信，互為啟發。梅太郎對松陰的志士活動乃至幽囚生活之庇護亦是很大的。松陰刑死後，其遺文、遺稿的蒐集、刊行，正是沿存松陰之志。基於這種想法，他傾注了全力，為松陰之存在長傳後世，作出了極大的貢獻（下程勇吉《吉田松陰之人間學研究》，頁 11-2）。梅太郎明治三十三（1900）年得授從五位，明治四十三年與世長辭，享年八十二歲。他的一生，無愧於松陰兄長之名。

弟敏三郎，遲松陰十五歲，雖生來啞吧，但性情溫厚篤實，讀書好文，熱心於祖靈祭祀。生活習性，飲食節度，對友人之禮節都無可挑剔。松陰平素對這不幸之胞弟十分關心，嘉永三(1850)年十二月十二日九州遊歷途中，松陰參拜熊本加藤清正廟，熱誠祈願敏三郎能開口說話。然而松陰說過：

> 在神前參拜、拍手、以祈立身出世或祈長命富貴，此大之差矣。（中略）拜神時，需先正吾心，又清淨吾體，當別無心思，惟謹拜之。此方謂誠然之神信心也。（安政元(1854)年十二月三日致妹千代書翰《全集》八，頁 321-2）

郎：參拜神佛時，不應祈願一身之福，而只是捧上尊敬之誠。這是他自己定下的戒律。但是為了對不幸弟弟的愛，他打破了這一戒律。再有，安政六年五月二十五日在往江戶檻送出發時，松陰拉著敏三郎的手，留下歷事堪忍第一這一最後的教誨（玖村敏雄《吉田松陰》，頁 339）。敏三郎明治九年三十二歲即結束了不幸的一生。了解他的友人們，無不為之痛悼（下程勇吉《吉田松

陰的人間學研究》，頁4）。

妹三人，松陰二歲下爲千代（兒玉芳子）。因梅太郎、松陰、千代各差兩歲，幼時三人玩耍時常在一起。千代出嫁後，在不多的回娘家時，走時兄長都要再三叮囑下次早點通知，我們好等你（關係雜纂《全集》一二，頁 154-177）。松陰出獄期間，在寫給千代教育她循守婦人之道的書簡中，亦十足體現了對妹妹的一片深情。本來，松家系統的人中，從瀧子、梅太郎算，長壽的人是不少的，而千代又是一直活至大正十三（1824）年，九十三歲時才逝世的。松陰不喝酒，不吸煙，不挑食物，不究服裝，懷中塞滿了書也不介意，對人鄭重又親切，一生未近女人；在激烈動盪的社會中自我燃燒了的他，在家庭中卻是好孩子，好弟弟，好兄長。所有這些，通過千代都形象鮮明地擺在了人們的面前。

二妹壽，比松陰小九歲，嫁給小田村伊之助（楫取素彥）爲妻。壽明治十四（1881）年四十三歲逝世。小妹文，小松陰十三歲。文安政四（1857）年嫁給松下村塾的高材生久坂玄瑞爲妻。七年之後，在禁門之變中玄瑞戰死，文遂返回松家，並繼壽死之後，再嫁楫取家，大正十年七十九歲時逝世。

如上所述，松陰成長在以謹直的父親、慈愛深厚的母親爲中心，家教嚴正，互相深深信賴的家庭之中。在多年之後松陰給妹妹千代的書信中所揭示的家風卽是：第一尊先祖；第二崇神明；第三親人和睦；第四好學問；第五不惑佛教；第六親田間耕作。以此惟爲「杉之家法爲世所難及之美事，（中略）此當爲吾輩兄弟仰循之所在」（《全集》八，頁 324）。因俸祿微薄而離開城下町，不得不去過半士半農生活的父母，保持了儉樸的生活，起

居十分有序。他們惟專心於子弟的教育，以使松陰及七個孩子從父母中所學甚多。天保十四年松陰十四歲時，父親被任命爲百人中間頭兼盜賊致方，住萩城內，只有母親一人守家，但雖如此，於子弟之教育，於家事之萬端，都是未曾有絲毫鬆懈的。

少年期的松陰受父母影響極大，尤其值得注意的，是後來占據了松陰思想中樞的尊王精神的涵養。文政十（1827）年十一代將軍家齊被任命爲太政大臣，世子（其後的十二代將軍）家慶，獲仁孝天皇所賜敍從一位❶❻的勅語。然而，家齊父子只是坐而受之，僅派家臣赴京稱謝而已。聞知這一傳聞，百合之助齋戒沐浴，遙拜皇居，痛憤將軍之專橫，手抄這一文政十年詔書❶❼，一有機會即使松陰兄弟誦而聽之，以努力於戀闕志操涵養。之後，安政六年五月於松陰爲受大獄之審問，將赴覺悟之旅的他所賦「奉別家大夫」一節中，有下列一段：

平素趨庭違訓誨。斯行獨識慰嚴君。耳存文政十年詔。口

----

❶❻　通常，征夷大將軍之官位爲正二位內大臣、源氏長者、獎學淳和兩院別當。並爲兼近右衞大將、右馬寮御監。因此，此乃破格之恩典也。

❶❼　「詔書：不旌德則勸善之道缺焉，不致賞則報功之典廢矣，征夷大將軍源朝臣，武鎭四方、文覃萬方，久守爪牙之職、重荷股肱之任，有黎民鼓腹之樂、無蠻夷猾夏之愚，朝家益安、海宇彌平、曩新宮室、規模復古、交修政典、祭祀興慶，其德宏大、其功豐盛，已極武備重職，未加文事尊官，今任太政大臣，宜賜左右近衞府生各一人、近衞四人，隨身兵仗焉，式表丕績，普告天下，俾知朕意，主者施行」（《吉田松陰全集》原版，以下簡稱《舊全集》一〇，頁565）。

熟秋洲一首文⑱。少少尊攘志早決 。（以下略）（《舊全集》七，頁516）

從中，我們也可看出松陰所受影響之大了。

然而，這爲父親所培養的皇室敬慕思想以及反過來的對將軍專權的批判性志向，不應考慮爲這在松陰身上直接促進了他反、倒幕的氣運的。下面我們將要談到，松陰決非單單的體制否定論者，他充分接受作爲大臣毛利氏之世臣的秩序感，卽便對將軍，他亦沒有放棄認爲在當時將軍作爲日本之統率者，而應表示敬意的。在此意義上，應該說松陰不是一位直接的現狀否定論者。但少年時代培植起來的皇室敬慕、天皇憧憬之傾向，在面對困難情況，需自決何去何從時，不妨設想這決定了一心接近天皇、朝廷這一他後來的生活形態的。從此意義上講，父親給與松陰的影響可說是無限之大的。

第三節 潛心家學

吉田家自始祖友之允重矩以來，以山鹿流兵學而仕奉長州藩毛利家，直至第七代當主之松陰叔父大助。然因大助早逝，實際傳授松陰家學的，是大助之弟，對松陰來說是另一位叔父玉木文之進。文之進性剛直峻嚴，其時力排藩內流於學風徂徠學之事，奉朱子學，尙大義名分，重實踐窮行。天保十三年他在松木林自己

---

⑱ 這段時期京都賀茂神社神官玉田永教常常往來於萩與京都之間，就國體問題進行講演。百合之助經介紹十分喜讀玉田永教所著《神國由來》這本小冊子。此卽所謂「秋洲一首文」。它在敍述國體之淵源與古道之大意的同時，力說佛教之害，主張「唯一之宗源乃神之正道」的神道說（玖村敏雄《吉田松陰》，頁12-3）。

家中集藩中子弟教授，名爲松下村塾，十三歲的少年松陰，和哥
哥梅太郎一起在塾中學習。松下村塾之名，後松陰襲之而廣爲人
知，但它的創始人，卻是文之進。

　　說起來，所謂家學之習得，與現代意義上的探求眞理截然不
同。它單方面被教授始祖以來已完成又體系化的東西，一心學習。
直接說來，它不講道理之所在而僅僅是口誦暗記。文之進對五、
六歲的松陰的教育，要說有多嚴格，只要從在邊上看著的松陰母
親，一心只願松陰亂寫一通逃出去算數這一點上可窺得其一、二
了。然而，性情溫順的松陰，終於忍耐住了這種苛刻的教育，到
了九歲（天保九年），就穿上了武士禮服，作爲家學教授見習，
出仕藩校明倫館，翌年十一月在明倫館開始了家學的教授。十一
歲時，被命當面爲藩主毛利敬親講解《武教全書‧戰法篇》的內
三戰之節，因講解十分出色，而受褒辭。據其妹千代稱，當時周
圍的人都說能事先得知要講那一章，也可有個準備，但松陰坦然
處之，認爲不論出哪一處也沒問題的。

　　由是，從幼兒至少年，又從少年至青年，松陰就這麼成長起
來了。他的生活態度中，有著原封不動地體現孔孟之教誨的認眞
得有點死板的一面。十七歲時，他借居林百非宅，在研究兵學中
失火了，松陰僅盡力運出林家的物品，而於他自身之物不顧，燒
得一乾二淨。十八歲時，松陰決心作爲兵學家立身於世間，爲藩
主獻出生命。讀書、作文僅以這一點貫之。他決意作到這點小覺
悟（玖村敏雄《吉田松陰》，頁 28 ），也正是顯示了其時松陰
那種一心一意的生活態度。說起來，松陰至二十歲止，對包圍在
自己周圍的這個世界是不抱懷疑的，一味只是咀嚼課於他自身的
使命，並以渾身一體來刻苦努力的。

這期間弘化元(1844)年十五歲時，在藩主親自考試中講《武教全書》及《孫子‧虛實篇》，受到了獎賞。其後也時有進講之事。翌年隨藩士山田亦介⑲兼修長詔流兵學，對國內外形勢亦逐漸開始注意起來了。嘉永元（1848）年他十九歲，解家學後見而獲準獨立師範，可招門人了。松陰兵學的門人，自天保六年相承吉田家以來至嘉永四年出發遊學江戶止的十七年間，正式的達到百五十二名（同上書頁 38 ），其直接的門人，亦有十數名。

如是，在松陰深究家學——山鹿流兵學之奧義，過著認真鑽研生活的十九世紀中葉，鎖國日本表面上還維持著平和，而它周圍相近國家已開始了開國前的風雲動盪了。

所謂寬永的鎖國令的發布，是在 1639 （寬永十六）年，全面禁止日本人移居海外和歸國，強化取締天主教神父（邪教 Christã，葡語，譯者注），下令禁止葡萄牙船來航，所有這些，都是通過老中奉書來完成的。這以後，日本人的世界知識處於停頓狀態，歐洲式的合理主義精神萌芽被掐，招致了科學文化明顯的停滯不前。相反，日本文化的傳統，在這閉鎖的世界中，加深了它的獨自性。同時，自給自足經濟又有了其自身的進展。例如，至十七世紀初止，主要輸入品的生絲，在十九世紀迎來開國時成了輸出品的中心，為歐美各國所珍重。這也是說，鎖國二百餘年，也不一定是「黑暗時代」。但比什麼都意義重大的，是長久的和平持續了這麼多年。自然，並未因為這個遠東島國與外國斷絕外交關係，海外各國而受深刻影響。換言之，日本的鎖國於

---

⑲　長州藩士。文化七(1810)年生，弘化元(1844)年以後盡力於藩的海防問題，主張採用西洋式兵制，並大力促使購入軍艦。第一次征長役謝罪時，為藩慕派入而入獄，元治元(1864)年遭斬殺。時年五十五歲。

世界各國的存在與建立未成爲妨害之偶然，也在起著作用吧！總之，寬永鎖國後的對外關係，在翌年將要求重開貿易而進入長崎港的葡萄牙船燒沉，六十一名船員處以極刑，僅剩十三名逃往廈門，以使其傳達再航禁止之嚴厲這種強硬措施之外，並未引起過任何震撼國內的重大問題。

然而，隨著十八世紀後半俄國東進南下氣運的增強，在有識之士中開始了有必要加強海防的議論。幕府當局，像老中松平定信那樣，也嘗試巡視江戶近郊的海岸。最初的外交使節拉庫斯曼的根室來航是 1792 年，接著， 1804 年華扎諾夫的長崎上岸，雖有這些，但以鎖國爲祖法嚴拒外來的幕府之態度，是絲毫也不曾鬆動過的。文化五（1808）年將荷蘭船捕獲作爲目的英國軍艦凡頓號突然來到長崎。該艦肆無忌憚地測量了港內，又要求薪水食料之補充，防禦態勢不備的長崎奉行無奈同意後，引責自刎。放鬆勤務的佐賀藩亦被處以藩主鍋島齊直百天禁閉。但這一事件前前後後只有短短的三天時間，又是遠離首都江戶的長崎，自然不致在全國範圍內沸騰起國論的。

但是，一俟進入 1820 年代，英國捕鯨船接近日本近海的事件連續發生，及至此時，幕府才發布了不問何船是否遇難漂流，對來船之外國船一律砲擊退之的這種一心打退令（1825）。 1837（天保八）年美國奧利芳特商社所屬毛利遜號爲有機會與日本開展貿易並傳布基督教，以送還七名漂流的日本船員爲敲門磚，接近到了浦賀，但還是受到了砲擊。在鳥羽以風強浪高無法靠岸，欲進薩摩山川港， 這裡亦遭砲擊， 終於不得不放棄上岸而退去了。然而，翌年由於荷蘭的風銳書，毛利遜號是作爲英雄在日本的蘭學家們中間廣爲知曉的英國人東洋學者勞巴特·毛利遜搭乘

之船這一誤傳流傳開來。同時還說該船要再次來航。而指出再行砲擊擊退的幕府方針之危險的渡邊華山❷、高野長英❷遭致蠻社之獄，開始引起了對鎖國制度的疑問。加之在此時，尚未激起撤銷廢除鎖國的機運。

1840 年開始的鴉片戰爭，給了鎖國的日本以巨大的衝擊。幕府極力收集清國、荷蘭的情報，兩年後一知道南京條約將締結，即立刻廢止了一心打退令，改成了給與薪水令。當時的幕府領導人是老中首座水野忠邦，他正推進著重建幕府政治的天保改革。因此，於海外形勢之變化，決不是盲目不知的。又過了兩年後的弘化元年七月，荷蘭國王派遣軍艦來日，對我國進行了所謂的第一次開國勸告。自蒸氣船發明以來，歐洲各國間貿易活躍，他們指出，日本今後如仍繼續鎖國，反世界之大勢所趨，有招致成為第二個鴉片戰爭舞臺的危險。對此，幕府於翌年二月拒絕道：鎖國乃係祖法，為子孫者惟有遵守之，不得再作此等勸告。但是，除諭書之外，又以老中奉書之方式，附上了深深感謝荷蘭之好意的致甲比丹書。由此看來，幕府當局者對包圍了我國的情勢之進展，併非一無所知的。只是尚未達至被強迫開國所應有的狀況之緊迫。如這成為現實，可以推測，鎖國也決不是永世不可變的祖法的。

另一方面，一心打退令廢止之後，外國艦船的來航突增。尤

❷ 田原藩士，寬政五 (1793) 年生。隨佐藤一齋、松崎慊堂學儒學；隨谷文晁學南畫；於西洋諸般亦十分精通。有《慎機論》及其它著作。天保十二 (1841) 年蟄居中自殺，年四十九歲。
❷ 水澤藩醫師之子，文化元 (1804) 年生。隨希赫爾特學蘭學、醫學，加深了對西洋的知識和見解。天保十 (1839) 年蠻社之獄被判終身監禁，但五年後越獄成功潛入各地，並從事翻譯等項工作，嘉永三 (1850) 年在江戶迫於幕吏所追自殺，年四十七歲。

其是弘化三（1846）年四月，英法船來航琉球，五月美國東印度
艦隊司令長官比夫托爾的二艘軍艦來航浦賀，六月法國印度支那
艦隊司令官塞西尤入港長崎，這接踵而來的造訪，大約起了觸發
作用。八月，朝廷打破江戶時初期以來不參與政治問題的長期慣
例，向幕府下達了海防勅諭。關於外交問題，顯示了天皇希望幕
府妥為處置的意願。在此情形之下，幕府於十月詳細奏上了外國
艦船來航的情況。由此之後，誕生了每有外交事件即行向朝廷報
告的慣例，朝幕關係進入了新的階段，當然，這還不至於到朝廷
對幕府發動指揮權，要求交還政權的地步。然而，如視明治維新
為由幕府往朝廷的政權移動，那麼弘化三年——快二十歲的松陰
一心於家學之習得之時，時代已開始了由前近代往近代之拐角移
動了。

第二章　擴大眼界

第一節　九州遊歷

嘉永三（1850）年三月，二十一歲的松陰決意開始他的九州遊歷。據他給藩的請求書看，這是爲了追隨同爲山鹿流兵學的平戶藩士葉山佐內及山鹿萬助，以窮斯學之奧祕。但當時正爲貝利來航三年前，而松陰還從未跨出過萩這一小天地。他只是咀嚼著別人給與他的東西，在既成的體係中來充實自我。對在此之上傾注了巨大熱情的松陰來說，要親身感受一下包圍著國內國外的新風雲。這大約也是他立志九州遊歷所祕而不宣的意願所在吧!

八月二十五日清晨，松陰帶上男佣新介出發了，於二十六日抵達下關。但他從前一天起就在發燒。他接受了尾崎秀民醫師的忠告，一直逗留到二十八日。在此期間他曾與帆足萬里❶的門人秀民論及萬里所著《東潛夫論》、《入學新論》。二十九日他渡過關門海峽，在大里上岸，第一次踏上了九州的土地。在自門司往小倉的途中，他見到沿響灘的松林，遂發「防海六策」之議論曰:「外敵如來航，毋如將其誘入陸地爲妥。何以見之。因細密

---

❶　豐後日出的儒學家，亦從事藩政改革。安永七（1778）年生，嘉永五（1852）年歿。

茂盛之松林足以支住敵之砲彈，水田之泥濘可亂敵之隊列，因無村落彼無以燒打掠奪，山又高而其無可據。故知此之外敵，決不致登陸。但若真有登陸，則成我利，云云。」說這番話，正是證明松陰尚不知黑船之堅牢，作爲舊式之防海之策、軍學論，這是些什麼呢？換言之，以這位秀才松陰來講，他自動被灌輸的山鹿流兵學之體係，對於如何防禦西歐軍事力量的進攻這一課題，完全是落後於時代的。而對於此，當時松陰尚未知覺到。

他從小倉進入筑前街道，經黑崎、木屋瀨、飯塚、內野至山家期間，松陰看到了生產煤的情形，看到了因洪水而弄壞了低濕田，九月朔日進入佐賀領。在鍋島氏三十六萬石的城下町，有著出售刀劍甲冑的店舖，往來少年中許多人拿著書本穿著武士服裝。看到這些，松陰認爲此爲文武兼備之地，發感觸道：與「便佞而不精神凝定」的筑前人相比，「肥前人剛直而精神定」。從佐賀經牛津、小田、北方、武雄、嬉野，而入大村領，過杵、大村、諫早，九月五日抵長崎。翌日雇舟繞蘭船、唐船之旁達檢分，九日論唐人、蘭人之館，參觀諸房，十一日得通辭某某向導，搭乘荷蘭船，參觀上層及第二層，受荷蘭人酒與粉餅之款待，並得以食麵包、湯。

在此之前八日，讓新介返回萩而成單身一人。此日午後出長崎而返諫早，苦於嶮岨之山坡，雨天之泥濘，無宿店而好歹得在庄屋家借宿。如此受盡苦頭，總算於十四日抵平戶，卽訪葉山佐內，亦卽到達此次旅行之目的地。算來爲離萩後第四週。自此至十一月初止，逗留五十餘日。佐內此時已過四十歲，奉平戶藩社寺奉之職，俸祿五百石，曾爲佐藤一齋之門人。逗留期間他借來佐內的書，通過提問來接受教誨，尤其是於陽明學方面所學甚

多。山鹿萬助與東面江戶的山鹿素水一樣，被稱爲山鹿流兵學西面的宗家，其時他剛過三十歲。松陰出席聽講四、九兩日進行的萬助《武教全書》講授，但這大概於他沒有什麼太深的啟發。

十一月六日辭平戶再向長崎，八日抵長崎。在約三週的逗留期間，他八次拜訪清國翻譯官鄭勘輔，以正俗語、官話之別。爲向高島淺五郎問砲術而訪六回，還見了許多人，且借來了二十餘本書籍，擴大了自己的知識。

十二月一日離長崎向島原，三日參觀原城舊址，七日登雲仙嶽。九日乘船赴熊本小島，由池部啟太介紹，十一日見到了後來成爲肝膽相照之友的宮部鼎藏。十二日與宮部、池部暢談至深夜，其後在明月光下，一人前往加藤清正清正公廟參拜，祈求讓其弟敏三郎能開口說話。這是虔而一心敬拜神的，松陰唯一有過的相信神。翌日爲九州第一大城堡熊本城之雄偉驚嘆不已。在實際感受到與「氣性活潑」之熊本人議論獲益匪淺後離熊本，十四日達柳川，但因感冒發燒，臥床至十七日。二十日赴佐賀，會見武富文之助、于住大之助等，二十二日參觀藩校弘道館，知居寮生二百八十餘人，文運甚盛。二十四日再折返柳川，翌日出久留米，留一宿。翌日離久留米與去時相同，循筑前街道踏上歸途。二十八日至下關，二十九日大年夜午後九時抵家。由此，百二十餘日之九州遊歷遂告結束（以上見〈西遊日記〉，《全集》頁122-123）。對只知道萩的小天地，書齋中的山鹿流兵學的二十歲松陰來說，北部九州是他初次接觸到的另外一個世界，認識了長州人以外的筑前、肥前、肥後的各種人士，了解到了活生生的現實。加之又接觸了清國、荷蘭文化之一端，這對兵學家松陰來講，也該是重大的收穫吧。以此爲轉機，松陰開始了脫離人所給

與的既成體係，站立到了用自己的眼睛看待現實，確立應當如何前進之指針的姿態上。這時，正是貝利來航二年半前的事。

第二節　往　江　戶

嘉永四（1851）年松陰二十二歲，正月二十八日隨藩主毛利敬親參勤交代之駕，被命赴江戶。此爲松陰的首次江戶之行。爲此，對松陰深寄囑望的藩之長老村田淸風❷指出，達砲技之事乃今日之當務之急，不知此自不以論兵。不通孫子、吳子等兵學根本原理，其亦流於空技而已（《全集》八，頁 13）。而舊師山田亦介則勸其道：與其在政治中心江戶多多接觸世情人心而廣見聞，莫如潛心讀書以窮原理爲上（《原版全集》五，頁 23）。總之，年青的英才松陰背負著眾人的期待，於是年三月五日踏上了赴江戶的征途。這是自萩往東的第一次旅行。

途中他往宮島遊覽，對安藝國「風教之頹廢實應可哀」，抱此感傷，他匆匆而過。十八日於兵庫湊川拜楠木正成❸墓，感憤不已，賦七言長詩，曰：

爲道爲義豈計名。誓與斯賊不共生。

嗚呼忠臣楠子墓。吾且躊躇不忍行。

湊川一死魚失水。長城已摧事去矣。

----

❷ 天明三（1783）年生。主導天保期長州藩藩政改革，於財政、民政方面顯露才幹。安政二（1855）年歿，七十三歲。

❸ 南北朝時期的武將楠木正成。爲後醍醐天皇所召，勵忠勤，與足利尊氏相鬥在湊川討死，時建武二（1333）年。對江戶時代尊王思想之興起給與了巨大的影響。

人間生死何足言。廉頑立懦公不死。

如今朝野悅雷同。僅有圭角乃不容。

讀書已無衛道志。臨事寧有取義功。

君不見滿清全盛甲宇內。乃爲么麼所破碎。

江南十萬竟何爲。陳公之外狗鼠羣。

安得如楠公其人。洗盡弊習令一新。

獨跪碑前三嘆息。滿腔客氣空輪困。

在幕末尊王思想業已發達之時，有著一種賴山陽❹在《日本外史》中所歌頌的楠木正成崇拜思潮，松陰不用說也是受其影響的了。第一次拜湊川之遺墳時，他自然是「三嘆」，「且踟躕不忍行」的了。接下來，他又憑弔在山崎的明智光秀❺、羽柴秀吉❻決戰遺址，他以爲秀吉能制勝，爲「一着之先後」，「唯天不與不義之所致」。二十七日在桶狹間拜今川義元❼墓，「弔古悲今悵悵去」。四月二日渡大井川，心感不架幕府橋，而故意費大名之金錢以賣金谷、島田這一蓮子之弊。這一史實，大約亦可視當事人婉轉地批判了德川氏，以表素志吧。左望富士山而越箱根之關卡，三十五天長途跋涉，終於到達了江戶。這是四月九日午前

❹ 江戶時代後期的史學家、儒學家、詩人。安永九（1780）年生於安藝。盡力於推崇南朝正統一楠木正成，促成尊王反幕的趨勢形成。天保三（1833）年殁，五十三歲。

❺ 戰國時代末期武將。仕奉織田信長，但天正十（1582）年弒織田信長於本能寺，後敗於羽柴秀吉身亡。

❻ 豐臣秀吉。天正十八（1590）年統一天下，建立起了近世封建社會的基礎。

❼ 戰國時代末期武將。永祿三（1560）年於桶狹間敗給織田信長身亡。

八時（以上見〈東遊日記〉，《全集》一〇，頁 127-144）的事。

一進藩邸，他卽與同宿藩邸之友人開始了《大學》、《中庸》的研究會。同時，入安積艮齋❽讀經書，向山鹿素水❾學山鹿流兵學，參加一、三、六、八規定的會讀。七月二十日入朱子學者兼西洋式砲術家，名噪一時的佐久間象山處，聽砲術及西洋學之講授。象山係信州松代藩士，其時四十歲。他師佐藤一齋學朱子學，在江戶開漢學塾。自鴉片戰爭引聖人國之源流的清國潰敗而深受打擊，遂專心於海防問題，並向位處老中職的藩主眞田幸貫提出長文意見書，爲有識者所注目。他又自志於西洋學之習得，隨其門人蘭學家黑川良安修荷蘭語，以二個月卽體會語法，十個月卽能讀懂難澀文章，聰穎過人。是年又在江戶開砲術塾，命其門人必兼修儒學與砲術兩項。五月二十日松陰初見象山。他雖聽四、八、九幾日之講授，但據說至十月止，似乎並不怎麼熱心於聽課的（玖村敏雄《吉田松陰》，頁 67）。

以松陰看，「都下之文人儒師，賣講而代耕。復無任士人道之志固無可論」（《全集》二，頁 125）。他與江戶學者之間的交往，似乎並非邃意的。在現實中，如何選擇實踐之路，還沒有能值得說是回答了松陰這一冀願的東西存在。時爲貝利來航二年前之事，通過荷蘭而得到預告，則是翌年六月的事了。松陰對此

---

❽ 名信又名重信，通稱祐助。佐藤一齋後隨林述齋學，嘉永三（1850）年昌平黌教授。著述有《論語坤注》、《論孟衍旨》等。天保十二（1841）年長州藩江戶藩邸設立文武之學校有備館，卽兼任教授，故長州藩士中從其學者眾多。萬延元（1860）年歿，六十七歲。

❾ 名高補，通稱八郎左衞門。津輕出身，出江戶教授家學，與平戶山鹿家同成山鹿流兵學宗家。

自然是不得而知的，只是通過前一年的九州遊歷，作爲兵學家，他已認識到了海防的重要性。

正巧，前一年在熊本認識的 熊士藩士宮部鼎藏也 在是年上府，並入在了素水的門下。宮部年長松陰十歲，是一位修山鹿流兵學，國學素養也極深厚的人物。作爲一位「毅然的武士」（《全集》二，頁125）松陰對他表示了很深的敬意，倆人相交甚親。宮部在松陰刑死後又活了五年，作爲熊本藩勤王黨的最高領袖人物，領導著倒幕運動。但他在元治元（1864）年六月的池屋之度中倒下了。六月，松陰與宮部一起前往相模、安房海岸調查。他們在實地探查了鎌倉、橫須賀、觀音崎、久里濱城之島、浦賀之後，乘船往上總，經安房海岸過館山、神奈川，再返回江戶，前後十天。這種體驗，更促使松陰要通過實地探查來擴大知識，最終導致了計畫東北旅行。

第三節　東北遊歷

松陰先是巡歷了北部九州而擴大了見聞，又 欲 往古來卽是「英雄割據，奸兒巢穴」的東北，並越海而往滿洲北鄂羅，卽與俄國相接的地方實地一見，以求「經國之大計」、「古今之得失」（《全集》一〇，頁187）。七月十六日向藩當局提出請求書曰：「軍學功者之仁相尋，且一覽國風等，可謂相成流儀修練之一助，云云」（同上書一一，頁265-6），並於二十六日獲得了許可。原先他計畫此行爲十個月，但爾後變更爲四個月。同行者除宮部鼎藏外，至途中爲止，還有江幡五郎。出發原定翌年春

天，後改至十二月十五日赤穗浪士討伐吉良邸的紀念日❿。

　　江幡生於出羽大館藩一位醫家，是次子，後爲盛國藩校作人館教授，明治後出仕大藏省、文部省，負責十學校教科書的編纂。明治十二（1879）年五十歲歿，長松陰四歲。他出仕南部藩的兄長因田鎖左膳而被投入監獄，且獄死牢中。爲期復仇，嘉永三（1850）年秋往江戶，在儒者鳥山新三郎❸私塾與松陰相識。但他聽說田鎖潛伏在東北方面，遂提出要在松陰遊歷東北時一同前往。素來重義氣重情誼的松陰，自是一口應允了。

　　在當時，長州藩士去別國旅行，需携帶通關證。此爲在各關卡或其它地方應出示的身分證明書。其時雖得到了藩的許可，但通關證的簽發卻延誤了。江戶藩邸的官吏稱，藩主正在歸國之中，此事不問國內衙門，當不能交付，汝當延期出發，而不予發給證明。據玖村敏雄言，因松陰被捲進了江幡的復仇一事，官吏才讓其延後出發的（《吉田松陰》，頁79）。由是，作爲藩士松陰是遵從藩命，還是重武士之義行擅自亡命之舉，他站到了叉路口上。但他最終還是選擇了後者，於嘉永四年十二月十四日午前十時離藩邸，開始了東北之行。在旅行途中的翌年正月十八日給

----

❿ 元祿十五（1702）年十二月十四日夜，大石良雄以下四十六人殺入舊主淺野長矩仇敵吉良義央邸，翌日黎明前終遂心願。後於幕府種種議論之結果，翌年二月四日全體奉命剖腹自盡。

❸ 名正清、景清、義所、確齋，號蒼龍軒。雖生於安房農家，然立大志從學於江戶的東條一堂、加藤瑞園，嘉永元（1848）年開塾於江戶。嘉永四年松陰最初遊學時卽在此塾與各地出身人士常發議論，嘉永六年第二次遊學時，松陰則寓居於此。松陰下田踏海失敗入獄，正清卽照顧松陰，不久自身受連坐而遭監禁一室之中達五十餘月。安政三（1856）年歿，三十八歲。

其兄梅太郎的書簡中他寫道:

> 矩方縱令死於道路之中,於爲國家之効力上亦不愧對人。
> 此固有年少客氣,書生空論之味,然太平久敷,氣義將墮
> 於地,讀書不爲之則匪能眞知之。氣義之事關係天下萬世
> 至大至重, 窮達禍福, 榮辱利鈍, 乃一身一家事至小至
> 輕,云云。(《全集》八,頁122)

由此可知,爲著恢復年久太平而被忘懷的精神力,使世道人心覺
醒,需實現江幡爲期替兄復仇的這種武士的義。這雖不能不說有
流於青年客氣,略顯輕率之感,但這體現了年青的松陰以武士之
榮譽重於義、情;求學問、思想和人活著的一致性的面貌。

至此,松陰離開藩邸,首先就赴水戶。

> 舉頭觀宇宙,大道到處隨。
> 明月無今古,白日同華夷。
> 高山與景行,仰行豈復疑。
> 不忠不孝事,誰肯甘爲之。
> 一諾不可忽,流落何足辭。
> 縱爲一時臾,報國尚堪爲。

未得藩之許可卽擅上旅途,或會累及父兄,但武士之言定事自不
可違,且今日時世波瀾湧起,松陰欲迎而鬥之,其客氣自是橫溢
不可收了。但出發之日,爲慮追捕之手計,他請求在時宗的寺院
(本福寺)借宿。十九日抵水戶。二十一日初次拜訪會澤正志

齋❶，二十三日再訪。其餘時間是閑居，沉緬於讀書和作詩。二
十四日與遲到的宮部、江幡會合，出發之日，知因來原良藏❸之
辯疏而沒有追捕之事。二十五日三人共訪會澤。會澤時七十歲，
離他著可稱爲尊王攘夷論之聖典的《新論》將二十五年。在朋黨
對立十分激烈的水戶藩，會澤被仰爲改革派（天狗黨）重鎮，不
僅於一藩之內，更爲天下人士所敬慕。久留米藩勤王黨領袖眞木
保臣六年前來水戶，回國後汲取會澤流，結成了藩由改革派天保
學連，以開展活動。其它慕會澤之名而來訪者亦甚多。東北遊歷
松陰首先拜訪會澤，決非毫無緣故的❹。

在水戶，還有與會澤齊名的全國著名人物藤田東湖❺，此時
正在所謂謹愼期，故無法會面。但與會澤相同，在逗留期間幾次

---

❶ 名安，通稱恒藏。十歲時入藤田幽谷門下，寬政十一(1799)年成
　爲彰考館寫字生，文化五（1808）年列徒士，刻苦努力，文政六
　（1823）年被選爲彰考館總裁。其後歷任郡奉行、藩校弘道館督
　學，始終助藩主德川齊昭而努力從事文教事業及刷新、推進藩
　政。文久三（1863）年歿，年八十二歲。有《新論》、《迪彝
　編》著書甚多。

❸ 長州藩士，文政十二(1829)年生，文久二(1862)年自双。

❹ 然會澤在其後的安政大獄中及至齊昭以下水戶藩有關人士間有受
　嚴刑處置者時，遂一轉而倡自重之論專說恭順幕府之事，認櫻田
　門、坂下門外之變爲反逆行爲，使人難以相信其人往年之志氣曾
　存。然而，作爲將軍下御三家的水戶德川家，從其所處立場上
　講，這應該說也是當然之主張吧！（請參閱小著《改訂增補幕
　末政治思想史研究》昭和五十七(1982)年鵜鷦社刊，最後一章〈晚
　年會澤正志齋〉）。

❺ 名彪，通稱誠之進。幽谷之子。曾任彰考館總裁代役、郡奉行、
　側用人等。始終助齊昭行藩政改革，亦有數次被命謹愼（見本文
　注釋，譯者注）。安政二（1855）年在所謂安政大地震中遇難，
　時五十歲。有《弘道館記述義》、《四天詩史》、《正氣歌》及
　其它許多著作存世。

見到了藤田幽谷門下的豐田天功⓰，充分地交流了論點。

這期間他們在水戶迎來了嘉永五年元旦，訪德川光圀⓱的隱居地西山，而感興頗深，遂賦詩一首。其後，正月二十一日離水戶前，又作了幾篇詩。訪問會澤雖有數次，但大體都有酒招待。不擅飲酒的松陰，爲水戶式禮待他藩人深動之同時，每有可值聽取之吐露、談論，遂必提筆錄之，此乃水戶人通天下，得天下力之所以所感動。而至此時也，只能將古事記寫「故事」，將「續日本紀」寫成「職日本記」的松陰，其誤記說明他於日本古典十分無知，以致接觸到修編《大日本史》之地水戶的學風，開始覺悟到讀國史乃爲當務之急。此也爲一大收穫。

爲避東北極寒期，在水戶過了新年的松陰一行，於翌年嘉永五年正月十四日離開水戶，經手綱、勿來關，二十五日抵白河。爲與江幡惜別，在白河逗留三日。二十八日自白河出發，與宮部一起至會津若松，逗留至二月六日，以觀藩校日新館之學風。在難測深淺的積雪中經新發田，十日抵新潟。改乘船直達松前，二十七日乘船往佐渡。在此參拜承久時被流放發配在此駕崩的順德上皇御陵，思往昔而深悲憤之念。這期間恰有便船，不得不縮短逗留，閏二月十日再返新潟，十八日陸路離新潟，二十四日抵秋田。經大館同月晦日達弘前，小宿，宿三厩而眺望蝦夷松前之地。聞外國艦船通過之情形，更痛感海防乃要務。三月七日抵青森，經小湊、八戶、一戶，十一日抵盛岡，慰問居住於此地的江

⓰ 名亮，通稱彥次郎。年長東湖一歲，倆人互相切磋，服務於彰考館、弘道館，作爲改革派之一，同走相同道路，元治元（1864）年歿，六十歲。著作有《北虜志》、《冰島志》等。
⓱ 水戶第二代藩主。留有《水戶黃門故事》一册。

幡之母及其兄春庵妻小。翌日離開盛岡，經中尊寺、松島，十八
日達仙臺。考察藩校養賢堂，面見其後的學頭大槻磐溪❸。二十
一日離仙臺，翌日與江幡再會，宿白石。久期遂願而又一起行
動，二十四日經米澤再赴會津若松。順道四月一日至東照宮，於
其雄偉壯觀之美感不快，以爲阿房宮恐應讓於其。此松陰之感
受，值得注意。後乘船下利根川、江戶川，四月五日返抵江戶。
百四十日之大旅行，遂告結束。此正是松陰二十三歲至二十四歲
時之事，前一年西部遊九州北部；現東行而窺東北各地、蝦夷地
（北海道），從先前閉塞和靜止的家學世界一轉而出，吸進快速
流動的空氣，親見各地實情，眼界大開。而這又正是貝利來航前
一年的事。

第四節　迎來貝利

　　前後費時百四十日的東北遊歷，擴大了松陰的見聞，無論是
作爲兵學家還是學者、思想家，這對他都成了帶來飛躍的契機。
但在這一時代，藩士違背藩命擅自行動，仍是事關重大的。其罪
最高可爲剖腹以謝。回到江戶的松陰，打算再停留十年時間以勵
學問，適時再行返藩。然依友人山縣半藏（長州藩士）、宮部鼎藏
之勸，遂決定四月十日入江戶藩邸，以等問罪。四月十八日接藩
命回國，同日在二人相伴下離江戶，自大阪取水路，五月十二日

❸　仙台藩醫家次男，隨昌平黌學有十年，三十二歲時被迎爲仙台藩
　　儒，亦從事海防論、西洋式砲術之研究。文久二（1862）年成爲
　　養賢堂學頭。明治十一（1878）年歿，七十八歲。有《近古史
　　談》、《獻芹微衷》等著作。

抵萩，合居其父百合之助處，待問罪七個月。其間熟讀《日本書紀》三十卷、《續日本紀》、《日本選史》、《續日本後紀》、《職官志》、《令義解》、《三代實錄》，並均抄錄要點。在水戶經會澤正志齋指點而潛心國史，借此機會大大躍進了一步。

十二月九日處分決定，士席、世祿剝奪，以後僅爲其父百合之助所養。然以爲「失國之瑰寶」（《全集》九，頁246）而心愛松陰其人的藩主毛利敬親，內諭百合之助道：使松陰提請允其十年遊學諸國，從翌年嘉永六年一月十六日准其請。如是，松陰爲藩主表示理解態度之支持，一月二十六日離萩，再次踏上了上府之旅。其時松陰虛歲二十四歲，而是年六月貝利艦隊來到浦賀，正是松陰試圖實行他決死的渡航外國的一年。

他乘船經瀨戶內海東進，二月六日抵讚岐的多度津。翌日參拜金毘羅宮，再登舟於十日抵大阪。入大和而思吉野朝，在五條、岸和田各停留十日餘。隨後從森田節齋步行和泉、大和各地，再返大阪後，經五條、大和郡山、奈良而出津，五月八日到宇治山田，拜皇大神宮（外宮）。但是否參拜內宮，無法認定。依是日之日記看來，並未記有什麼觀而激動之類的詞語，此當注意。其後十二日出美濃大垣，經由中仙道，五月二十四日入江戶，借寓鳥山新三郎家。但所滯時日不長，卽訪中鎌倉的伯父竹院❶並

---

❶　寬政八（1796）年生，禪僧、母瀧子之兄。隨鎌倉圓覺寺情蔭和尚修行，天保十四（1843）年成爲瑞泉寺二十五世住職。松陰於嘉永四年六月十三日曾往住一宿，此爲第二次拜訪。此後九月十三日松陰往訪三次，共商海外渡航之事，並借旅費三圓（三兩）：翌年松陰決定下田踏海前的三月十四日倆人會面四次，鄭重道別。此爲深得松陰信賴的一位高僧。慶應三（1867）年三月歿，六十二歲。

借住。六月一日返江戶，往佐久間象山及舊師諸友處，行再出府之禮。

六月四日接貝利艦隊來航浦賀之報，是夜午後八時為見聞實情，急往浦賀[20]。翌日午後十時許抵浦賀，親見堅固無比之鋼鐵造動力艦。兵學家松陰卽認識到：「船砲均不可敵，勝算甚少」（《全集》八，頁170）。貝利來航不用說是打開了日本近代幕布引出光明的重大事件，貪圖長久太平之夢的日本，開始了爬登從鎖國往開國，從封建分立往中央集權的巨大階梯。

1840年代的美利堅合眾國，在開拓加利福尼亞的同時，國民輿論意欲橫跨太平洋與淸國貿易，爲此，作爲蒸氣機船的燃料（煤）的補給地，遂有必要求助於日本列島。然而日本歷二百餘年鎖國而不允外國船隻寄靠港口，甚至連海上漂流船員的救助之事，亦往往不能順利進行[21]。先前於弘化三（1846）年閏五月時，東印度艦隊司令長官比德爾率哥倫布、布因聖斯兩艦[22]來浦賀，以問日本有否開國之意。但終因其態度過於溫和，沒給日本以任何壓力，遂接拒絕開國之諭書，滯留九日後兩手空空不得不退回。

其後，美國決心再度派遣艦隊，在任命比德爾繼任者貝利的同時，嘉永五（1852）年對荷蘭出示了給日本的通告，且請求荷蘭商館長對美國使節完成使命給予協助。由是，荷蘭於是年六月

---

[20] 貝利艦隊到達浦賀，時爲六月三日午後五時左右。

[21] 漂流到日本列島的遇難船員，被作爲非法入境者對待，先是遭關押，後又被送往長崎。終搭乘荷蘭船送往淸國其它港口，引渡至船員的祖國。據說，對日本這樣的處置方式，招致了諸國不滿情緒的高漲。

[22] 均係早有的帆船型，不是蒸氣機船，但哥倫布與其後的貝利蒸氣機船相比，船體略大，搭乘人員也超出後者。

將新甲比丹庫路其吾斯㉓派往日本，並通告曰：以美國使節「貝利」之人爲指揮官，兼有數艘蒸氣船的軍艦，已完成登陸攻城之準備，來航目的地爲江戶。日本値此時節不妨考慮開國，爲使此事順利進行，是以事前締結日蘭通商條約爲好，等等。

　　然而，幕府對這適當的事前情報，不講適當的對策。其原因之一，是當時的長崎奉行牧義制附言曰：此乃爲荷蘭自身計之故意說成的情報，不足爲信。同時，於關於日蘭通商條約案的老中諮問，海防掛有志亦未有事態緊急之答辯，僅始終閃忽其辭。再有，德川齊昭以下的有志大名，亦無視事重大之表示。總而言之，前番同樣是美利堅合眾國派來的在浦賀交涉的比德爾艦隊，態度實是溫順，無任何紛爭騷擾卽退去，以使日本方面根深柢固地認爲美利堅合眾國不值一提。所有這些理由重疊在一起，這大約也無法說是能責怪阿部正弘他個人見識狹隘乃至怠慢不積極㉔。

　　然而，此時浦賀灣迎來的貝利艦隊，與以往來航的外國船是截然不同的了。貝利借鑑比德爾的失敗，在渡航日本前就下定了決心。也就是說，要拒絕與作爲對等身分可與之協商的官吏卽浦賀奉行以外的會面；前來盤查的日本官吏從小船上抛上舷側的繩梯要用刀斬斷抛回；並以槍威嚇；自稱浦賀副知事的奉行支配組與力卽便上船以欲談判也不予接待，而讓幕僚代行；不允許已成慣例的日本方面警戒船在停泊中包圍艦隊；無視抗議而強行測量

㉓　時處當時荷蘭東印度總督管下高等法員法定官之任，是一位比通常的甲比丹派頭更高的人物。

㉔　請參閱小著《貝利來航前後──幕末開國史》(昭和六十三(1988)年鵜鶘社刊) 第一部各章。

灣內；對日本方面浦賀並非外交交涉之地，轉航長崎之類的要求一概置之不理；不答應則強行登陸，取直赴江戶城之姿態；凡此等等，對鎖國的日本人來說都是未曾有過的強烈體驗。所有這些做法不妨可以認為正足以將再也不能像過去一樣來維持鎖國，這一祖上所定規的預感，充分地讓日本方面了解到了。

在浦賀灣口拋錨的貝利艦隊，四艘中兩艘（沙斯開哈那、密西西比）為蒸氣船，另兩艘（普利瑪斯、薩拉托戈）為帆船。一、兩天前幕府方面已收到了船隊接近的情報，與前年荷蘭的預告相對照，其事態之嚴重，於日本方面也預想到了一半。這一日艦隊在灣內拋錨、停泊，在此時並未有什麼對日本方面特別的騷擾。人們初次面對蒸氣機船的偉姿自是少不得有一番驚嘆，但據日本方面的記錄看，其大小數可載重二千石。而那時沿海航行的巡迴船中大部分船隻可載重十五、六百石，可裝近二千石的船也早有過，那時的「黑船」決非大得超出想像的。而不依風帆行走，燒煤用發電的蒸氣驅動水車推進船體這一原理，日本人有一定水準以上的知識分子也是知道的。六月七日為交涉而訪問了旗艦沙斯開哈那號的浦賀奉行支配組與力一行，正確地說出了艦上大砲各部分的名稱，一點也沒表示出初次見到蒸氣機船設備、技術的人必然顯出的驚訝之態。給一行看地球儀，就馬上找到了美國、英國、丹麥等的所在位置；談到華盛頓是政治中心、紐約是商業都市；甚至知道在美國有火車在跑和開鑿巴拿馬運河的計畫。即是貝利方面以西餐招待，亦不為當時日本人通常嫌惡肉食所拘，高興地吃每一份菜，剩下的還作為特產捎回（《貝利提督遠征記》合眾國海軍部編，大羽綾子譯，昭和二十二（1947）年酣燈社刊。以下同）。這可以說，在長期的鎖國期間生活過來的

日本人，對西洋近代文明之進展乃至世界情勢之動向絕非兩眼一抹黑的。

因此，如僅以貝利艦隊入浦賀一事來看，當時的日本並未爲此而狼狽不堪，卽便有長期的鎖國，還是收集和獲得了充分的知識，在知識積累的基礎上，才去接觸近代文明之利器的蒸氣機船及其它新鮮事物的。以日本方面的記錄爲據，在艦隊六月四日傍晚到達時，沒有浦賀港口的衝擊，從幕府當局至浦賀乃至江戶町民，均未顯得驚慌失措。

但是，第二天四日以後，不理睬日本方面的中止命令，強行測量浦賀灣內的貝利方面，以六月六日要實行保護以免妨礙作業爲名，命蒸氣機船密西西比號深入江戶灣內之時，才開始發生了重大的不安。在這樣的地方，從未有過外國船侵入的前例，而且，又是載有遠遠超出我國海防態勢之能力武力的新銳動力船。但將在六月九日午前於久里濱受領美國方面的國書，表示了這一小妥協方案，騷擾頓時又歸爲平靜了。然而，在儀式順利完成的當天午後，貝利顯出最後的示威以贏日本方面一分，率全艦隊再次深深侵入灣內，此時才成爲第二次也是最大的一次騷擾。對此貝利說是爲著事先勘察一下明年再度來航時的拋錨地。相反，日本方面卻沒能表示出應予擋回的氣慨與論點來。原因之一，大約是屈服於貝利不容置疑的軍事實力；另一方面，不妨認爲，當時日本方面已開始對海外情況的進展有了某種理解。

總之，貝利排開一切妥協，達成了單方面地推動日本方面之目的，留下明年再來此地時聽取回答的話，於六月十二日晨率艦隊撤走了。他所要求的有，漂流民之救濟、薪水補給、食料補給以及設置儲存煤倉庫和對日貿易。這位貝利前後十日在日本後又

離去，是因太平天國動亂持續而清國海岸需增援戒備；裝載了送給日本的禮物的貨船在這一期間未能到達；薪水食料略生不足；了解到了日本若要開國，尚需一些時日等等，所有這些都成了艦隊早日撤離的因素（《貝利提督遠征記》）。

在二百年來的鎖國終將結束的這一時刻，如何打開這一多難的現實？熱血青年松陰在六月四日遠遠眺望貝利艦隊時，在他胸中大約生出了往新的階段飛躍的萌芽後。他未看到十二日艦隊的撤退，九日夜離浦賀，十日返回了江戶。

第三章　下田踏海

　　貝利來航，對兵學家松陰不啻是極大的衝擊。他獲準獨立師
範又往西國九州遊歷；又窺東北、北海道之地，見聞甚廣，但一
旦親眼見到鋼鐵製成的蒸氣機船所體現的壓倒性軍事實力，就不
得不痛感以往所學幾乎都變得有氣無力了。無獨有偶，十餘年前
朱子學者佐久間象山看到在鴉片戰爭中聖人之國竟屈服於洋夷，
其人一轉而痛感需修得洋學知識，自隨門人黑川良庵學習蘭學，
且即行習得，並以西洋式砲術之大家立行於世。所有這些，都是
松陰非得面對的現實。

　　前次松陰遊學入門時，還未曾對象山有何折服，但現在看到
了貝利艦隊之偉容，想到海防乃當務之急，痛感蘭學與西洋式砲
術之習得乃必需，應向「當今之豪傑、都下第一人」（《全集》
八，頁215）的象山學習，立時與小林虎三郎❶並稱爲「象門二
虎」（玖村敏雄《吉田松陰》，頁115）。

　　松陰其時雖已失去長州藩的士籍這一身分，但爲在這緊迫時
節打開通道，遂草〈將及私言〉，以上書藩主道：貝利第二年必

---

❶　長岡藩士，文政十（1827）年生。嘉永三（1850）年出江戶入佐
　　久間象山門下。安政元（1854）年倡導橫濱開港，受藩主申斥。
　　明治二（1869）年成爲藩大參事，從事戊辰戰爭之復興。明治十
　　（1877）年歿，五十一歲。

定再來，其所提之和親通商、燃料食料供給、開南方一港口等，無論何項自是必遭拒絕，如是，戰事自在所難免。由是，眼下當務之急之首位，應明確保衛天朝天下之大義；其次爲藩主當精勵政務；第三爲開言路容直諫；第四爲飭內臣而親外臣；第五爲讀書、交賢能而擴藩主之見聞；第六爲仿西洋式槍砲制行操練；第七爲取西洋式艦船制引進之；第八爲馬法之必需；第九爲以至誠而貫全體。這就是松陰痛論應先有志諸大名而擊攘外夷之論點（《全集》一，頁297-312）。藩主敬親讀此深以爲是，並聽說讓江戶藩邸浦靱貢閱過（玖村敏雄《吉田松陰》，頁120）。松陰這種克服危機志向的激烈，直接導致了他果敢實行他的下田踏海之舉。

此時，松陰之師佐久間象山，某日從平素有交往的幕府勘定奉行川路聖謨處聽說，近期內將購入荷蘭軍艦。象山喜而獻策道，應派遣「俊才巧思」之青年數十名往海外，以獲取各國形勢。而川路則問其有誰可爲候選，象山即刻錄出數名呈上，其中也包括松陰。

但是時貝利業已離去，搭乘是無策。迨一俟獲接七月十八日俄國使節普其亞欽的軍艦將到達長崎之報，迨認卽欲赴西歐美、俄均無不可，故立赴長崎，九月十七日離江戶。其時象山賦長詩以勵曰：

> 環海何茫茫，五洲自爲隣。
>
> 周流究形勢，一見超百聞。
>
> 智者貴投機，歸來須及機。
>
> 不立非常功，身後誰能賓。

島國日本長期鎖國，自蒸氣機船發明以來，各國間交通貿易以驚人速度發展，惟有日本仍高枕無憂，此已是現實所不允許的了。自應求知識於世界，習得後歸國以大効於天下。國外渡航雖尚屬國禁，然已不容躊躇，當決然向天蓋，擇今更無他日。全詩正是表達這種熾烈的氣慨。

松陰於九月十八日自江戶出發，一路向長崎，於十月二十七日抵達。而此時，普其亞欽已臨時撤走了。無奈，遂經萩、京都於十二月二十七日歸府，亡命海外之企圖未能達成。

然而，新年來臨迎來安政元年，一月二十六日貝利以遠遠超出前一回的兵力七艘軍艦，再度來航浦賀，強行要求締結條約。幕府對此難以抗拒，終於在三月三日同意下田、箱館的開港與必需品的提供之和親條約的締結。松陰這期間對幕府的穩妥政策懷有不滿，更視渡航外國爲必要。遂與前一年在江戶初次見面，執弟子禮的金子重之助一起決心實行既定計畫。三月三日與友人宮部鼎藏、梅田濱等長州、肥後、出羽的青年志士十數人往向島方向告別櫻狩故國；過了兩天三月五日，在京橋的日本茶館再次與諸友相會，表明了踏海的心志。開初表示贊同的只有永島三郎❷，但不久大家都表示同意。最後視此爲「危險之計」持異議的宮部，也在知道松陰決心之不可動搖之後同意了。有人泣而稱此乃壯舉也；有人出路費；有人贈衣以勵；宮部則以交換佩刀告別。每人都爲松陰「斷然行危計，固自期之，一跌而梟首於鈴

---

❷　名秀實，號歸山，熊本藩士松村大成之弟。嘉永六（1853）年上府，假寓鳥山新三郎宅，從學佐久間象山，與松陰等大議時勢。慶應元（1865）年歿，四十二歲。

森❸」(《全集》一○,頁422)的精神所感動。

　　由此,松陰三月十四伴金子往下田走陸路,十八日抵達。那時正值夜間禁止外出,宿下田與蓮臺寺兩處,以待潛入停泊港內的美艦之時機。二十七日美國人將校一行上岸散步時,交其「投夷書」,言渡航海外之心志,慫其派艇夜於柿崎濱迎之。是日夜半(二十八日黎明)用海濱之小舟,先靠上密西西比號,但船上不予以登船,遵其指示,改向旗艦波哈頓號。然小舟未有櫓,遂用帶子繫緊二根短櫂,航行十分困難,數次與舷梯猛烈相撞,艦上兵卒們用棒推開小舟,不讓其靠上。不得已,松陰、金子決意捨棄小舟,飛身跳上波哈頓號,但願能隨艦赴美。

　　其時貝利已知事態,命幕僚威利阿姆茲來接待松陰和金子。值得注意的,是威利阿姆茲說的下面的一段話:

　　　　大將及余心誠喜之,但於橫濱,美利堅大將與林大學頭,有美利堅之天下與日本之天下此一事之約,故以私難諾君之請,應少待之(中略),此事下田之大將黑川嘉兵知否?嘉兵許,則美利堅大將帶汝等去,嘉兵不許,美利堅大將則無以帶之,云云。(《全集》一○,頁462-3)

也就是說,松陰明知日本嚴禁渡航海外,犯此是以死而處之,挺身以當天下之難,才叩響貝利之門的。對松陰此等志氣,貝利亦有所動,威利阿姆茲話中亦表示出只要能得到日本方面諒解,卽

---

❸　江戶時期刑場。與小塚原(淺草的執刑場)相對,此爲對自日本橋以南的犯罪處刑的場所。正式地稱爲品川的執刑場。

很高興伴其共回美國的意向。這在《貝利提督遠征記》中亦可找到說明。貝利認為「誰要是想將日本人一起帶回美國」，「認為隨隨便便感情用事也無妨，那麼，就早把那可憐的日本人匿藏在艦內」了。但是，貝利負有美國與日本之間在下次交涉，即修好通商條約之交涉的責任。如現時違背日本國法隱匿日本青年帶回美國之事一旦暴露，就會招致日本政府的不信任，以後的交涉就會變得困難。想至於此，他也只能拒絕松陰的請求了。

但貝利對松陰表現了極不平常的好意。在送其回返海岸時，命小艇艇長搜索黎明前漂失的小舟❹，派參謀大尉上岸，命其了解松陰其後命運如何，令其轉達貝利「希望減其極刑，當局略以寬大」的意願。當他接到日本方面「請放心不會有嚴重結果」的回答，明確記錄下了「多少得到幾分安慰」的字句（《貝利提督遠征記》，頁286-9）。如是，松陰真摯的態度，勇敢、思天下之難，賭一命以當之的精神，猛烈地搖動了未直接會面、交談的貝利的靈魂。

就這樣，松陰與金子在天未亮之前被送回了柿崎濱。他們拚命想找到漂失的小舟。因為船有全部他們渡航海外所必需的隨身物品，這些如落入官吏之手，秘密渡航計畫將立行暴露，必然導致受到嚴厲的追究的。但小舟直至天明也未能尋著。訪濱名主時得知，小舟已為官吏所收，不久官吏即行出差以開審訊了。而濱名主命松陰即行逃亡，勸其道：因吾等將取不知之態，趁早趕快逃走。

然松陰等以為「事既至此，逃匿之卑怯之心絲毫未存，其意

---

❹　但如據松陰所記，短艇艇長將松陰一行等送至海岸，未及搜尋小舟，即行折回了。

可向上奉稟」（《全集》一一，頁282），濱名主無奈，惟遵彼
意。不久，三位官吏抵達，松陰等即被拘禁於長命寺，接下來又
被投入平滑的金太郎的獄牢中。而視事關重大的下田奉所，往江
戶表報告，以仰其裁決。於是由町奉行所派官吏出差，作為重犯
人四月十日押解離下田，經由天城、三島，循東海道，四月十五
日抵江戶北町奉行所，從那兒直接進入傳馬町牢獄。當時松陰二
十五歲，至其後三十歲時迎來死期止，松陰失去了人身自由，一
直是一位罪囚。

　如上所述，松陰迎來貝利來航，賭一命而欲當天下之難，其
意圖以失敗告終，作為重罪犯人過起了鐵窗生活。松陰在《回顧
錄》中敍述失敗原因時寫道：計畫雖經反復推敲，但小舟無櫓航
行費了周折，身心均因此疲勞，加之移乘美艦時多少不够沉著，
漂失小舟又過於輕率。確實，從表面上看，事情是失敗了。但捨
命志士的行動，未必是毫無意義的。它打動了貝利的心，並說出
請幕府留其一命的話，而幕府不致很快就處決松陰等。但從鎖國
往開國之階梯要越過，這對幕府最高負責人老中首座阿部正弘的
判斷沒給予任何影響。總而言之，在拋棄長時期鎖國之祖法，迎
接嶄新的開國事態之時，松陰決死的行動，正可謂志士仁人之所
為，有著極大的意義。

　為證實這點，在這裏再介紹幾個事實。在關押過松陰、金子
近二週的平滑的金太郎的牢獄，不足草蓆大小二張，天花板亦極
低，行動極不自由。金太郎自非士分，是身分極低之人，不懂天
下國家問題的。但就是這位金太郎，松陰日夜不厭其煩地告其自
己為何要做此繁事。曰：「皇國之所以為皇國，人倫之所以為人
倫，日夜高聲稱總夷獨立可惡所以。獄奴雖蠢，亦有人心，不會

不揮泪以悲吾輩之志」。而押往江戶途中三島過夜時，對身分低下的打更青年們亦講其志所在，致使「大有憤勵之色」，第二天晨出發，頗有惜別之顏色（《全集》一〇，頁436-8）。在被關押在傳馬町獄時，松陰亦向囚犯們講述事情之前因後果，聽者無不爲之感動，獄舍內的待遇也大大改善了。說起來厚待志士、仁人乃至國事犯，此乃古今獄舍之風。從松陰下田踏海行決死之舉看，他無愧爲學德一致，動人心醇人魂的偉男子，其所作所爲，至今可謂歷歷在目。

在町奉行所的審訊中，松陰亦毫無所掩，堂堂正正言其所信，述事之經緯，辦案人員對他印象均極佳。相反，與松陰同罪於四月六日被拘引，亦同入傳馬町獄的佐久間象山，其答每每閃爍其詞，或有逃避責任之態度，以致有人認爲可寬恕松陰而將象山處刑。他的舉動可謂反而強化了幕府方面的態度。但老中首座阿部正弘制止了這些，在如是之時代，松陰且不待言，象山亦於天下必有裨益，遂於同年九月十八日判其兩人均免一死，在家鄉蟄居。其處分之輕，實在意料之外。

志士仁人捨命而思天下國家這一至誠，動人醒世，終於達致了動國而開時代。松陰通過下田踏海，出色地證實了這一點。

第四章 《講孟餘話》之背景

論及松陰必會隨之引出的，即是他在牢獄中與同囚的囚人們共讀《孟子》這一話題。那是個與外界隔絕，又被剝奪了人身自由的黑暗世界。刑期不明，且無以得知有否可能返回太陽高照的外界社會中去。在那兒所有的，祇是些在漆黑一片絕望日子的反復中，惟有喫東西成樂趣的、失卻了光明的人們。讓這樣的人讀聖賢書，聽聖賢理，並以討論方式參加，以上學道，決非輕而易舉的。這裏就用得上松陰這位少有的教育家的天分了。當然，他優秀的教育家資質是不容置疑的。但若僅有這些，其代表著作《講孟餘話》也是不會產生的。

松陰受在家鄉蟄居之判決，乘囚車九月二十三日自江戶出發。在過秋冷加深之東海道時，因金子重之助病得十分屬害，一路上無法快行，十月二十四日抵萩，即入野山獄。野山獄為收容具有武士身分罪人的地方，當時在獄者十一人中，受官府責罪者僅二人，其餘九人均為借牢。所謂借牢，是指父兄乃至親戚或有家係關係者以監督無策之理由，請求在藩之牢獄中代為看管者。因此不難推測，這些人從各種意義上講，都是有許多缺陷的。而且正因為上述原因，這些人根本無法預料何時得以出獄，即所謂是一些絕望了的囚犯。

　　值得注意的是，這十一人年齡都比松陰大。最高齡的是大深虎之允，七十六歲；其次志道又三郎五十二歲；吉村善作四十九歲；弘中勝之進四十八歲；河野數馬四十四歲；平川梅太郎四十四歲；岡田一廸四十三歲；富永有隣三十六歲。只有粟屋善士年齡不明。其它均遠較松陰年長，相當於他父親或叔父的年齡。接下來是在押期間，大深特別，為四十九年；弘中十九年；岡田十六年，也就是說，人生的一半乃至大部分是在獄中度過的。其它幾乎都在六～七年以上，最短的平川，也已度過了三年的監牢生活。

　　這時，新來的松陰最年輕，二十五歲。在這種罪行內容和在押年數卽成為一種勢力的世界裏，不難想像松陰是何等地「擡不起頭」的。當然，先住的囚犯旣然也是具有武士名分的人也聽說過松陰小小年紀就承嗣了山鹿流兵學師範之家，十一歲為藩主毛利敬親進講《武教全書・戰法篇》而受稱讚之事。而更重要的，是早已聽說了這位以決死之心毅然下田踏海，受幕府處罰而名噪天下的吉田松陰，就是這一位白面青年。對人生已失卻希望，惟沉淪於怠惰的生活，僅以食物為最大之樂趣的同囚十一人來說，松陰自被視為另一個世界的人，可以想像，他們是不會輕易把松陰放在眼裏的。

　　那麼，這些人又怎會聽松陰的話，終於參加獄中的討論會，繼而積極投身於凡一六〇日、三十四回的《講孟餘話》之中的呢？這就要講到松陰本來就具有教育家的素質，又有高超的指導技術這點了。松陰看到獄內氣氛的頹廢，決心進行改革，並從近處開始。他請愛好俳諧（一種帶詼諧趣味的「和歌」、「連歌」，譯者註）的河野、吉村兩人來指尋，不久就發展到了舉辦獄中俳

諧之會。而對長於書法之道的富永，則請其教大家習字並修改各人寫的漢詩。也就是說，刺激起囚犯中所懷有的特別技能，並使他人與之同化。在此同時，由松陰自己發揮自己的看家本事——讀、講經書——先賢偉人等，且回答大家的提問。通過激發出這些在非人生活之下深眠胸中的「人」，讓他們從以往的惟以食、寢爲主的動物式生活中轉出來棄舊圖新。

但僅有這些，只能說還停止在通過教育式的「技術」來加以誘導的圈子內。筆者以爲，導致《講孟餘話》產生的直接契機，是出於爲着祭祀金子重之助英靈，松陰爲籌劃建造石燈籠而進行的節食一事。

在下田踏海中同其志而隨行的金子，自首就擒後，始終與松陰在一起。但無名小卒的金子，在傳馬町獄先是無宿牢，後又被移至百姓牢，與松陰分開了。從這時起金子染上了結核性腹瀉，身體日漸衰弱。在前往萩的途中病情篤危，送押官吏都考慮好了途中死亡之後的事前處置。松陰也一直十分擔心金子的身體，一行總算到達了萩。但金子不被允許與松陰一起進野山獄，而被送進了百姓牢的岩倉獄。此時金子已病得連頭都擡不起來了，新年過後的一月十一日終於死在獄牢內，享年二十五歲。松陰深爲金子的命運而悲傷，爲了給金子鎮魂，他決定在金子墓前建造一座石燈籠。

決定雖下，問題是如何籌劃到這筆費用。松陰的父親百合之助、兄長梅太郎一向關懷松陰，他出外旅行則盡力設法調濟路銀；入野山獄後，按習慣同囚的囚犯們也都一一打點到了。此事如求父兄，石燈籠的費用無疑是能卽刻集到的。但松陰沒走這條直路。松陰其時係借牢性質的入獄，入牢銀爲十五匁（錢一千五

百文卽一分二朱），其中薪炭油費去掉七百一十文，剩下的七百九十文爲食費。以一日三餐計，不過二十六文而已。這眞是微乎其微。在同樣時期——安政元年二月由越前福井前往江戶的橋本左內的旅途費用，與松陰相比，其差別之大是再明白不過的了。住旅店一宿兩百五十文；中餐四十六文；零食（饅頭十五文、餅三十文、芋六文）五十一文；茶費十文；一日所費三百五十七文❶。依野山獄牢則，由囚犯提出申請，減去一部分副食，可據此從一天的食費中扣出若干留存下來。這大約是去掉湯或鹹菜的某一項吧。這樣，松陰在大約一年的獄中生活裏，共積金百疋（二千五百文，卽二分二朱）。以機械式計算看，一日平均扣下了七文。但二分二朱還不足以造石燈籠，無奈，只得變更計劃，建造石製花筒。用它供奉在金子墓前，以表弔慰之意。

我以爲，松陰這種以身踐諾的行動，極大地搖撼了同囚十一人怠惰的心。前面正說過，對不知幾時能出獄的人來講，最大的樂趣就是喫飯這件事了。雖說囚人的飯茶是再簡單不過的，但對他們來講這是不能出讓的最大樂趣。然而還有人對這最大的樂趣是節而省之的。如這是爲自己留下的，倒也可以理解。但松陰是爲死去的門人而這麼做。節食物一事，究竟有多難？這對於習慣於飽食了的現代人來說，是無法加以想像的。對有那麼苦於飢餓的體驗的人來講，就會有相同的感受了。而且，這些囚犯是用滿足食欲來解決禁錮的苦痛，松陰的舉動在他們看來就像是不是生活在同一片土地上，他們肯定是爲此而吃驚不已的。而論年紀，松陰比他們所有的人都遠爲年輕。但松陰作爲長州藩的俊秀

---

❶ 小著《全集未收橋本左內關係史料研究》（昭和四十（1965）年私家版）頁 41 。

已受到極高的評價，此番又企圖行決死之踏海之舉，終震天下耳目。爲人所不能爲之爲，且仍我行我素，此等人物在同樣的牢房中，同爲囚犯，同起居飲食。那麼，且聽聽此人講什麼，又要人做什麼吧！或許，在牢房中自然而然地形成了這麼一種小氣候吧！孟子講義自松陰入獄一七〇日之後的四月十二日開始，六月十日結束。而輪講形式係自六月十三日開始的，他的節食大約又始於一月中旬，從此種種看，這是可以推斷的。也卽是說，松陰旣非叱咤激勵囚人奮起，亦非僅靠教育上的技巧，而是通過以身示範這種純粹的一種方法，達成了在獄舍內開讀聖人書的討論會這一破天荒之事的。

這一討論會於十二月十五日以養病爲名目松陰被允出獄而中斷，但六月份四回；七月份七回；八月份九回；九月份三回；十一月份十一回，合計三十四回的討論還是進行了。這與今天大學講義的次數相比，將遠遠超出一年標準四學時的份量，僅用半年時間就結束了。這是令人吃驚的速度。討論因松陰出獄雖一時中斷，但由於知道事情原委的父親和兄長的關懷，在父親家幽室中，新迎來了參加者父親、兄長、叔父、外甥等，兩天後於十二月十七日重又開始，至翌年安政三年六月十三日止，共進行二十一回，全計爲五十五回的討論。在爲數衆多的松陰的遺文、遺稿中，份量最大、最有力的著作《講孟餘話》，就這樣誕生了。

關於《講孟餘話》之輪讀方式，已有不少書寫到過了，在這裏也無什新內容可贅述。討論會是以松陰爲中心參加者各就其位，擔當的人讀上一節後進行講解和談自己的感想。而傍聽者則提問或表述自己的意見。最後松陰加以批判、補說、歸納。也就是說，其形式與今天的討論會大體相同。值得注意的第一點是，

道者、高又美，且又當親而近之。然陷於富貴安逸，苦於艱難的
世人卻多不知此。以爲因爲道高且美故不可及，更無親近欣賞可
言，此實屬可嘆之事。說來，人之本性本欲富貴榮達，而嫌貧賤
艱難。然可謂逆境的貧賤艱難，於求道之上才是再好不過的環
境。因此，吾等在囚之人才爲聞道上最有利者（《全集》三，頁
3-4），此卽爲松陰之論點。這裏，雖無以否認萬人所說松陰有
着教育家的優秀資質，但更重要的，是松陰靈魂根本上的清淨之
故吧！

　　第二，讀經書所應注意之事，是不奉承阿諛聖賢。卽便有些
些此心，卽爲道之不明，學之亦斷於有無益有益，本來不行批判
有志聖人之道者批判的孔子、孟子的行動，對它竟然也批判起來
了。問題的核心是孔子、孟子拋捨生養之國而仕他國之王，此正
是以自家父親爲愚爲昏，而視隣家之翁爲父一樣，是損君臣之義
而無辯解之餘地的。當然，松陰以爲孔孟之道大可廣救天下，並
無需祗限於生養己之國中。他在引用這一批判之同時又指出，離
生養自己之國而仕他國，此爲與修身齊家治國天下之道理相違，
這對當時 有志於孔孟之道的 知識分子來說 大概是要爲之 瞠目的
吧！

　　第三點，是爲貫穿松陰心魂的尊王思想所引導這事。與反反
復復進行的易姓革命的漢土相比，在他確立了視有萬世一系天皇
之我國國體爲尊嚴無比的堅強信息。他說：

　　　　吾邦上自天朝下至列藩，千萬世世襲而不絕事，非中之漢
　　　　土等可比。故漢土之民，縱如半途返家之奴婢。擇其主之
　　　　善惡而轉移固其之所。吾邦之臣如爲譜代之臣則與主人死

生休戚同，雖至死而棄主而去之道絕而無。嗚呼，吾之父母何國人也。吾之衣食何國之物也。讀書知道，亦誰之思也。今少於主以不遇卽忽然去此，於人心者何也。吾欲起孔孟，與論此義。

此言自有流於偏激之處，均受到了長州藩宿儒山縣大華❷的嚴厲批判。但這番議論，大約也應該說是反映出了希求「道」與「學問」爲一體，重實踐的松陰之面目吧。

第四，上述松陰的基本認識並未只停留在研究室中的思辨之中，終是與現時的實踐性課題相連繫在一起的。說到安政二～三年，在與貝利之間業已締結了和親條約，接着，與英、俄、荷蘭亦簽訂了同樣的條約，先前的鎖國體制不得已發生了巨大的變化。但在那個時期有着那個時期的安定，沒有什麼問題發生。松陰也已完成了企圖潛入貝利軍艦、踏海之舉了。從潛心於《孟子》之中，當認眞摸索如何來對待先進各國的策略。「近世海外之諸蠻，各各推舉其賢智，革新其政治，駸駸然而凌侮上國之勢」，其攻來之時，與之對決、打開局面之道，僅以研究室中的討論是不會找得到的。而「兵學家」松陰着力說道的是，不是策略之巧智，而是以對日本國體尊嚴之自覺爲根底，子爲父，臣爲君、爲藩，爲日本以死盡黨保此國家，此志得立，百千之外國來攻亦無所可恐，只此，乃今處囚室而求道，議道意義之所在。

---

❷　長州藩儒學家。天明元（1781）年生，初爲徂徠學後學於林門，奉朱子學。天保六（1835）年成爲明倫館學頭，改正四書集注之訓點，留下許多業績，嘉永五（1852）年隱居，慶應二（1866）年歿，八十六歲。

總而言之，通過《孟子》的輪讀他所期待的，是學問、思想、人格徹底的一致，以此救天下國家，救內外危機所壓迫下的日本。志士仁人於此道上當獻出自己的一切。

第五章　通往自主獨立之道——
「對策一道」

　　松陰是學者，是思想家，而又首先是志士。學德一致、言行一體，思想卽爲信念，生活方式、行動都是相一致的。解先賢之書，需同時活用於激烈動盪的現實之中。

　　松陰下田踏海之事敗露，囚於傳馬町獄，繼而轉入萩的野山獄，過著囚禁的生活，在這一時期，日本從長期的鎖國大大地往開國動作起來了。安政元(1854)年三月三日，日美和親條約成立，下田、箱館之後，長崎亦成了開港之地。同樣的條約，十二月二十一日與俄國、翌年十二月二十三日與荷蘭亦相繼簽訂，寬永以來長期的鎖國，事實上已崩潰了。但幕府卻解釋道，這一條約決不意味著鎖國的終焉，只不過意味著與天保薪水給與令——指示對破難漂流之船不予擊退，支給所缺物品加以救濟——這一特定國之間的約定而已。而當時的有識之士們，亦對此沒有什麼特別之非難。

　　但是，依據日美和親條約第十一條的規定，安政三(1856)年八月，哈利斯作爲首任駐日總領事到達下田赴任不久，就發生了清國阿羅號戰爭爆發之事。開國之是非，亦是有識之士紛紛議論

之事了。貝利來航之後，在幕府的開國方針控制上發揮著作用的阿部正弘，於安政四年六月死去。不久，這之前再三要求的哈利斯，終於十月二十一日實現了他上府謁見將軍行外交禮儀的願望。鎖國之終焉、開國之到來，擺到了天下有識之士的面前。十月二十六日哈利斯拜訪老中首座堀田正睦，解說世界形勢，痛論開始通商爲當務之急。被稱之爲「蘭癖」的堀田早就痛感到了所有這些問題需解決的必要，遂將條約締結談判列上了日程。十一月十五日堀田將記錄和翻譯成日文的哈利斯的講述《哈利斯演述書》交給各大名，以徵求大名們是否接納哈利斯的要求。順便他又說明作爲幕府之見解是對要求只得接納，以催促各大名的回答。十二月十五日又將我方全權委員與正開始談判的哈利斯所提供的條約草案，交御三家以下傳閱，以徵求意見。對此，攘夷派的巨頭水戶前藩主德川齊昭、其子因州藩主他田慶德、女婿仙臺藩主伊達慶邦等少數人持拒絕意見；金澤、廣島、弘前、盛岡各藩爲非明言派；而輕率的拒絕攘夷論，則幾乎不見踪影了。另一方面，福井、福岡、鹿兒島、德島這些一直被視爲開國推進派勢力雄厚的各藩，自然是倡導贊成條約；不妨說整個大勢是容認幕府方針的。這期間幕府有條不紊地進行著條約簽訂方面的事務，且以內部首屈一指的開國派目付海防掛岩瀨忠震、下田奉行井上清直爲全權委員，令其於十二月十一日與哈利斯開始條約草案的逐條審議。中間挿上歲末和正月，談判共進行了十三回。最後，於安政五年正月十二日，日美修好通商條約十四項條款，貿易章程七條的審議結束，雙方意見達到了一致。

　　但是，雖然大名們的意見之大多數認條約之締結爲不得已，但多數認爲在締結前，應將此事報告朝廷，仰其諒解與承認。如

池田慶德講道：

> 雖稱大政執行，然至重大事件，具上奏天朝，已成定儀。
> 萬一左亦不御座則甚以條理不通是也。（《昨夢紀事》
> 二，頁233）

而忠告事前勅許之必要。

　　江戶時代的政務執行，既以大政委任爲原則，在執行之際，也就沒有必要一一仰仗朝廷之許可了。因此，卽使是外交問題，那怕以幕府的獨自判斷裁決，亦不能說是條理不通的。遠在十七世紀中葉寬永鎖國令決定之際，亦無徵求朝廷同意之先例；近者，和親條約的締結之際，事前亦不曾徵求朝廷同意。加之對此以各大名、有識之士、志士方面講，亦無批判性的意見。而今天應事先仰聽勅許的意見之所以會占大勢，第一是繼續鎖國還是開始貿易的決定，重大得將左右日本的命運；第二，自貝利來航時的對策意見諮問以來，原先僅僅掌握在幕府手中的天下政務方針，也加進了大名以下的發言；這第三，是大名以下都敏感到了幕府權力體制開始了動搖等等。

　　對於事前應仰聽勅許的輿論，幕府有關人員似乎並未取對抗姿態。在岩瀨等人與哈利斯進行的談判中，預訂簽字在安政五年三月五日，對這期限，當初沒有任何擔心。十二月六日首先將《哈利斯演述書》進達朝廷；十三日幕府又奏上將許可通商條約方針內容；十七日又命大學頭林煒、目付津田正路赴京解釋事情經過。兩人在歲末已至的二十九日，對朝廷有關人員詳細解釋開國之不得已處，但遇到公家方面強硬的拒絕態度。

被推豪傑遝來京，

苛恥正是大學頭；

自東而趨登九九，

公卿一蹴大學恥。

　　於是，開年後的一月二十一日，代表幕府的老中首座堀田正睦親自率領事務的直接擔當者、熟諳外國情況的勘定奉行川路聖謨、目付海防掛岩瀨忠震踏上了赴京之途。但在這個時候，堀田尚未充分認識事態的急迫，而以爲花上二十天來獲得朝廷的諒解與認可，已是足夠的，條約的簽訂亦是可能的。

　　二月五日抵達京城的堀田，對公家反復進行了解釋和說服；且準備了金錢和物品，以促朝廷諒解和認可。然而，朝廷的態度出乎意料地強硬；這是因爲，長期處於政務之外的朝廷，甚至連最高負責人攝關國家有關人員，對外國事情一無所知，十分保守，自不喜從鎖國往開國的轉換。再加上對幕府開國方針不滿的攘夷派大名的阻力；在野志士層的周旋，離輕易接受幕府要求的小氣候還相去甚遠。二月二十三日進行了第一次勅答，只停留在應諮問諸大名之意見這一點上。在三月二十日第二回勅答中，表明了天皇條約締結之事難以卽刻認可，欲在聽取諸大名意見書傾向如何之後再予考慮的意志。而對堀田再次探詢的如在向大名諮問之中，自外國方面生出異變，當如何處置這點，朝廷的回答是，其時不得已惟有應戰，當努力充實海防。由此而表明了朝廷除和親條約外不予認可的這方針，拒絕的意志是明確的。這樣，堀田四月五日兩手空空離京而去，二十日返抵江戶。老中首座的政治責

任未果，幕府觸上了巨大的暗礁。由是，幕府決定設置並非常設之職，而只在危急時設的大老職，試圖以此強化政權，是月二十三日彥根藩主井伊直弼就任此職。

　　在從長期鎖國往開國的激烈轉換期中，松陰做了些什麼？又怎麼思考的呢？安政二年十二月得藩主允許出野山獄後，他寄身父親家中，繼續所謂謹慎的生活（卽江戶時代的一種處罰，禁止外出，閉門反省，譯者注）。這期間，他爲希望隨他學習的青少年講解經書。此卽爲松下村塾活動的開端。讀經書、講歷史、論時事，在引導門人弟子的同時，松陰也加深了自己的見解。這時松陰的有關想法，可從他寫給門人久坂玄瑞的安政三年七月十八日信簡中略知一二：

　　　　時下德川氏已與二虜和親，非吾等可阻其。若吾等阻斷此事，乃自失其信義是也。爲今之計，當謹疆域而嚴條約，以此而羈縻二虜，乘其間而墾蝦夷、收琉球、取朝鮮、挫滿洲、壓支那、臨印度，以張進取之勢，以固退守之基，遂神功❶未遂之所在，果豐國❷之未果之所在。（《全集》四，頁一五二）

也就是說，和親條約一旦締結，我國如不遵守，將失信於外國。故當今之時我國應嚴守和親，在此期間大養國力，以備他日。

　　與此同時，八月五日哈利斯作爲首任駐日總領事赴下田玉泉

---

❶　第十四代仲哀天皇的皇后。天皇駕崩後，雖懷身孕而男裝遠征新羅，據說，後歸屬韓半島。

❷　豐臣秀吉。

寺就任。松陰駁斥了久坂玄瑞對哈利斯當斬的論調，指出在貝利來航時此行尚可，再次來航，締結和親條約時亦非毫無意義的。只是在過了安政二年、三年後的今天，是「晚又晚矣」，痛論時勢已非昨日（同上書頁 142）。在此之前，安政二年四月二十五日松陰尚在野山獄時，寫給友人土屋蕭海❸信中稱在失去「天下之大機會」的今天，砲、槍已無急務之用，「但以維持民心發動士氣爲事也，云云」（《全集》八，頁 426），表露了他認爲全仁義安民生才能固國本、強國力，不戰而勝的信念。從這裏也明顯地表現出松陰將護國之道，不僅僅是停留在依靠戰法方策之上，而是從道義上的人倫視角來考慮問題的思想。

　　如前所述，幕府的開國路線開始成爲現實，締結通商條約之是非，集天下之視聽，終於發展到了堀田老中赴京，奏請勅許。松陰於安政五年四月草成一篇〈對策一道〉，激烈抨擊了幕府在施策上的失誤。他說：「航海通市固爲苟偸之計，乃末世之弊政也」，雖以開國、通商貿易爲是，但於哈利斯之無理要求，被動地承諾則是大錯特錯的。繼而他又論述道，應大舉使用人材，行軍制改革，開發全國而養國力；與清、韓兩國結親交；進出爪哇、非洲、澳大利亞；大興對外貿易；努力富國強兵；三年後由日本派使節往加利福尼亞，以答先前之約，於此時才可締結和親條約。也就是說，不是在別人逼迫之下勉勉強強去締結，而是應當自主地、積極地開國，走對外貿易的路。這一政策的執行，需從徵求朝廷意向，體會詔勅做起（《全集》五，頁 137-143）。如下田

---

❸　長州藩士分待遇。嘉永四（1851）年起與松陰相交其親。有長州藩少壯者中文章第一之評，松陰亦常常乞其代爲修改文章，文久二（1862）年後，曾爲國事奔走，元治元（1864）年歿，年三十六歲。

踏海之舉所表明的那樣。志士松陰決非頑固不化的鎖國攘夷派，其立場是積極推進開國；但這不應是以被強迫之下以被動形式來開展的。歸根結柢應自主地奉勅旨，執行勅旨，必須以此種方式來進行。思想的東西要實行，學問與政治之一體如何回答現實之課題，面對這種局面，松陰可謂表現得淋漓盡致。

第六章　倡導討幕論

維新志士中最早倡導討幕的有兩人，一人爲久留米小天宮神職眞木和泉，還有一人即爲松陰。和泉自年青時代就具有皇典國學的素養，喜好和歌。他作爲從封建階層制度上講，相對自由的小官——神官，其基盤又是自覺到了平氏子孫這一點上，產生的源平對立、交替的思想，毋寧說是先天的偏袒朝廷天皇而討嫌幕府將軍（德川）❶。

與此相對，外樣大名毛利家臣松陰，並非一開初就有意否定幕府的。相反可以說，松陰一貫是懷有對幕府的尊敬的。松陰激烈批判幕府，攻擊幕府，是在安政五年六月十九日井伊大老未經勅許，即在日美修好通商條約上簽字，這一所謂違勅之擧之後。在此之前，他對奏請勅許條約時，朝幕之間交涉之發展，寄予了極大的關心。松陰不是鎖國論者，不反對締結條約和開始通商貿易。他主張應避免只求快而不求好的傾向。條約不能在美國的無理要求下締結，而最終應當自主地、主體性地來進行；首先又必須在獲得勅許之後才能執行。

井伊大老就任之初，努力保持朝廷與諸大名之間的協調關

---

❶　關於眞木和泉，請參閱小著《眞木和泉》（昭和四十八（1975）年吉川文館刊）。

係，多方疏通，以使簽訂一事能圓滿成功。但六月十三日入港下田的美國軍艦密西西比號帶來的情報——在阿羅號戰事中獲勝的英法大艦隊，不日將來航日本，以求締結通商條約——震駭了幕府上下。而十六日入港的俄國普察晉也傳來了相同的情報；哈利斯雖同意簽訂期限延長至七月二十七日；但痛感早日締結條約之必要，爲著說服日本方面，他急匆匆於十七日奔赴橫濱。來日近兩年眞可謂粒粒皆辛苦，終於達成一致了的日美修好通商條約之草案；作爲先進文明國家之使節，與日本之間締結第一份條約的成功者，這位哈利斯痛切感受到了也許日本會屈服於英法大艦隊的壓力，而先於美國與英法簽訂條約。這麼一來，自己迄今的所有苦心，將成爲泡影。因此，他要極力說服日本方面，日本先於英法與美國在和平氣氛中談判已達成協議的條約馬上簽約，將對日本是有利的。

對上述情報，幕府方面亦十分緊張，十八日以後，遣岩瀨、井上人與哈利斯談判。據該日的「對話書技」記，英法艦隊來航之前，日美間條約如能成立，哈利斯言或可代行調停之勞，對日本方面行有利之處置（《幕府外國關係文書》二〇，頁470），表露了「如生困難之問題，余以友誼調停者將力促其解決」的意向（千葉縣內務部《堀田正睦》，頁845）。於是，翌日的十九日，在江戶城內召開了大評定。僅井伊大老和若年寄本多忠德兩人主張，既無勅許當不可締結，堀田老中以多數人認爲專斷簽訂已屬無奈。並發出了一俟岩瀨、井上兩人歸任，萬一不得已，卽可簽訂的指示。是夜半返回橫濱等候著的哈利斯，岩瀨、井上對哈利斯道，請其寫下英法來航時談判之際，哈利斯願作仲介之文書。因事關重大，哈利斯一時不肯應允。但當他看到兩人非此

則無法簽訂日美條約的態度，遂應承下來，寫下願充調停的文章，並署上了哈利斯的名。岩瀨、井上隨後暫返日本方面船上，在確認哈利斯的文書無遺漏之後，終於在日美修好通商條約上簽了字。時安政五(1858)年六月二十二晨三時。由此，嚴守二百二十餘年的日本鎖國體制宣告終結，在非常時期中迎來了開國。然而此事尚未獲朝廷之承認，不過是違背了三月二十日勅答意旨的違勅簽訂而已。

　　幽居中的松陰知道此事，是在七月十日前後。他激憤於這個違勅簽訂，即刻寫成了〈議大義〉一文：

> 墨夷之謀必神州之患也。墨使之辭必決神州之辱。以此而天子震怒下勅絕墨使。是幕府宜蹈躄遵奉之而無暇。今則不然，傲然自得以諂事墨夷爲天下之至計，不思國患匪顧國辱，而不奉天勅，是征夷之罪天地不容，神人皆憤，以此準大義討滅誅戮然後可也。絲毫不可宥。（中略）今征夷養國患貽國辱，而反天勅，引外夷狄滅內諸侯。然則陶❷者一國之賊，征夷乃天下之賊也。今若不措而討之則天下萬世將何謂其吾也？而洞春公❸之神，其豈可享於地下矣。（《全集》五，頁192-3）

也就是說，違背了勅誑的將軍，乃天下之賊，需以循大義而討伐之爲當務之急。但並不是說立下即刻倒幕府逐將軍以收天下之權。而是：

---

❷　陶晴賢、戰國時代末期武將。在打倒主君大內義隆之後，四年過去又由於長州祖毛利元就在嚴島之戰中敗亡。

❸　毛利元就，(1497-1571)年。

大義已明則與征夷雖有二百年之恩義，當再三忠告，勉勸
其遵敕。且天朝未必輕討征夷，征夷若幡然悔悟，決不致
追咎前罪。是吾之天朝，立幕府之間為之調停，以天朝
寬宏而使幕府恭順，以邦內協和而使四夷懾伏所以之大旨
也。（同上書，頁194-5）

郎，承認致壽平將軍之功績，應調停對立的朝廷與幕府之間矛
盾，主張長州藩主出馬。不是立刻打倒背道的幕府，而是正言正
色諫之，使之復歸正道。接下來十六日，他又起草了〈時義略
論〉，要點如下：

一、明幕府違敕。

二、論諫爭幕府之事。

三、論憤企上皇帝醜慮之事。

四、論以密奏安叡慮之事。

五、論以察智、機先、處策、大寇事，遂成全篇之總收。

既是「無論如何巧言奸辯，幕府違敕之罪明白無疑」，當不可
坐以視之，應「諫爭征夷，以立大義於天下」（同上書，頁 199-
206）。一言以蔽之，松陰之真意，他雖痛憤違敕，但不取立行
倒幕之道，而是說非於幕府，引其反省——「諫草」。在此意義
上，視松陰為倒幕、王政復古的倡導者，這種理解是不正確的。

但松陰的期待落空了。本應由大老親自上京收拾事態，但大
老卻不理睬，僅僅停留在六月二十一日以宿繼奉書形式向朝廷稟
報之上，連二十九日御三家或大老中有人應赴京這一小朝廷之命
亦不執行。甚至在難詰大老的御三家水戶前藩主德川齊昭、現藩
主慶篤、尾州藩主慶恕等突然來訪之時，仍從正面抗辯。並且，

大老斥退了朝廷方面、有志大名集團、有識之士中多數人推舉的
下任（第十四代）將軍候補者一橋慶喜。而公開發表了將自御三
家紀州迎來幼小的慶福（後家茂）的意向（二十五日），七月四日加
上將軍家定死去，七月五日遂下發嚴譴齊昭、慶恕、松平慶永等
有志大名集團之文。接著，尤如向朝廷有志大名、志士集團挑戰
一般，向上奏道：用務煩多，大老無法赴京，御三家有不軌之
處，正在反省幽居之中，諸事可向不日上京之老中間部詮勝、乃
至京都所司代酒井忠勝垂問，而現時正在談判中的與英、俄、荷
蘭、法之間亦打算締結通商條約。

　　與之相對抗，以水戶藩爲中心的反大老集團，對朝廷方面繼
續進行強有力的支持。其計畫爲以勅命斥井伊而正幕政之歪傾，
八月八日以所謂「戊午密勅」得以實現。其內容稱：最近幕府之
政治動向十分奇怪。其故，或是趁將軍年幼之機，有居心叵測
之人手握權勢。水戶藩以下有志諸大名協力而應當幕政重建之責
任。它表明了朝廷對井伊大老不信任的意向。八月十八日松陰看
到了密勅的抄本，不禁欣喜雀躍，期待著事態的改變。

　　針對這一連串動搖自己地位的動向，井伊大老感覺到了深刻
的危機，遂打算用武力來彈壓反對派。此卽爲發動安政大獄。
九月七日在京的尊王攘夷派乃至反井伊運動中心的梅田雲濱❹被
逮捕，整個行動拉開了序幕。其後京都、江戶志士們相繼續被
捕，彈壓之手，使諸藩士至堂上、公卿均無幸免。

❹　原若狹小濱藩士。早之成爲浪士，在京都開崎門係朱子學私塾。
　　與松陰有交往，但倆人關係未至推心置腹。安政大獄中成爲第一
　　位遭逮捕者，可謂重要人物。被幽囚中於安政六（1859）年九月
　　病逝，時年四十五歲。如判決時未病故，大約也難逃死罪的。

另一方面，九月十七日入京的間部老中，十月二十四日終於上朝，以後辯疏三回。稱：違勅責任不在井伊大老，而在堀田前老中。在此同時，老中仍繼續逮捕志士、彈壓廷臣之事，以充分行威脅之實。十二月二十四日並促成了此次之措置乃不得已而爲之的朝廷冰解指示書。背棄大義的幕府絲毫不思反省，翻臉過來恫赫朝廷，諸大名以下皆懾伏其威更無上言者。一切都出乎松陰期待之外了。

由是，松陰「諫幕」的意念如烈火般猛烈燃燒起來了。九月九日授在江戶的同志松浦松洞❺以水野忠央暗殺策，此爲以違勅簽訂事件爲契機，松陰試圖再次付諸實施的最初的打算。水野是御三家紀州藩的附家老。所謂附家老，是江戶初期德川家康爲補佐御三家而分別附設在水戶、尾州、紀州的。尾州家爲成瀨、竹腰；紀州家爲安藤、水野；水戶家爲中山；每人均享譜代大名待遇，各有三萬五千石以上的領地與居住範圍。水野忠央曾編纂《丹鶴叢書》，在文化方面留有一番業績。但他有野心，不願僅當附家老，而欲成爲獨立的大名，並對大奧方面亦在做著工作。在將軍繼嗣問題上，井伊也被視爲慶福（家茂）擁立派的黑幕人物。在松陰不知是誤解還是流傳著某種消息，他一直認爲在井伊大老背後，操縱井伊並促其違勅的，事實上是由於水野的策動所致。因此他認爲，作爲直接行動之開始，首先是要打倒水野而不是井伊。但在這裏值得注意的是，松陰在這件事上並不打算站在直接行動的第一線。現實是，松陰仍是在謹愼之中，幽居期間行

---

❺ 長州藩陪臣。通稱龜太郎。安政三（1856）年起從學松陰，巧於畫業。現存龜太郎所繪松陰江戶行之畫。文久二（1862）年自殺身死，年二十六歲。

動是被限制的，沒有決起的自由。違勅簽約應討伐將軍這一思想上的突破口打開了，視諫幕爲必須，並通過將想法告知友人、門人的作法，使之具體化。

接下來，九月二十八日他又欲行大原重德❻西下之策。大原作爲京都的公卿、堅決尊攘的人物享有盛名。此策意爲請大原來萩，松下村塾集團三十～五十人決起，以爭勤王之先機。但此策不爲大原所容，未能實行。進入十月，他命門人赤根武人❼逃亡，搗毀大獄方面志士控制的京都伏見獄之策，自然也未能付諸實施。這一時期松陰言論之過激，令友人門生十分憂慮，十月二十三日寫給吉田稔麿❽的信中，入江杉藏❾曾稱：「榮太郎早之歸來，無人慰藉先生之情緒，吾無措手足。」

十一月六日松陰又與志同道合者十七人血盟聯名爲間部老中要諫致函藩廳前孫左衛門❿，要求將藩主槍枝借與他們。藩主以及厚愛和理解松陰的藩方面的有關人士，對如此過激的言論，在

❻ 享和元（1801）年生。孝明天皇即位後獲重用，安政五（1858）年三月參加反對條約勅許的有志公卿列參，文久二（1862）年爲勅使，江戶下向，使之應諾幕政改革。歷任明治政府的參與、議定、集議院長官等。明治十二（1879）年歿，七十九歲。

❼ 長川藩陪臣。天保九（1838）年生。安政三（1856）年成爲松陰門下。文久三（1863）年爲奇兵隊總督，但與高杉晉作議不合，開小差離隊，慶應二（1866）年爲藩處死。時二十九歲。

❽ 得準長州藩士分之待遇。天保十二（1841）年生，通稱榮太郎。安政三（1856）年十六歲時入松下村塾，與高杉、久坂、入江杉藏並稱松門四天王。萬延元（1860）年脫藩爲國事奔走，元治元（1864）年在池田屋事件中鬪死，二十四歲。

❾ 長州藩士分待遇。天保八（1837）年生。安政五（1858）年入松下村塾門下，與高杉、久坂、吉田同爲松門四天王之一。元治元（1864）年參加禁門之變，爲參謀，然後戰死，二十八歲。子爵野村靖之兄。

❿ 長州藩重要人物。既是松陰的理解者，也是松陰的援助者。元治元（1864）年作爲征長役負責人之一被處死。年四十七歲。

這安政大獄風暴狂吹之際，也就很難不管不問的了。在此期間——十二月一日在江戶的同志高杉晉作、久坂玄瑞、中谷正亮⑪、飯田正伯⑫、尾寺新之丞⑬等，給松陰寄來了求其自重的勸告信。信中寫道：幕府彈壓告急之現時，崛起之事，時機尚早，祇於社稷有害。時下應自重第一，待而視之，直至幕府再使有志大名隱居或外國貿易開始不可坐視之時再行崛起。

對松陰來講，素來參與天下國家問題，當光明正大、俯仰天地而無耻可言，此不必秘而不宣。因此，在爲老中要諫而正式向藩請求借與槍枝這等重大舉動之上，亦是公然行事的。加之以他的信念論，躋身國事，非爲一身之功名，而係發自欲罷不能之一片耿耿之志。因此，友人門生求其自重之言辭，與松陰之心情綫不吻，自不待言，松陰對此更是激烈反駁的。他寫道：

所稱忠義者，非於鬼之不在時煮茶飮之。（中略）無論何事，勤王之間自難合言一處。桂⑭雖僕之無二同志好友，先祖亦不能及此談。今以遺憾感之。居江戶之諸友久坂、中谷、高杉等與僕之所見皆相違也。其相分之所在，乃僕期忠義，諸友期功業。（中略）誠然期功業之人天下皆

---

⑪　長州藩士。嘉永四（1851）年初與松陰相識。出入松下村塾，擔引導子弟之責，協助增建村塾，松陰刑死後曾從事國事，然文久二(1862)年病死，三十五歲。

⑫　長州藩藩醫。安政五（1858）年爲松陰兵學門下，松陰刑死後盡力收容遺體。萬延元（1860）年因挪用軍用金事件爲幕府所捕，文久二（1862）年死於獄中，三十八歲。

⑬　長州藩士。嘉永六（1853）年成爲松陰兵學門人。松陰刑死後盡力收容遺體等諸事，後加入奇兵隊。維新後出仕內務省，繼而又成爲伊勢皇大神宮大宮司。明治三十四(1901)年歿，七十五歲。

⑭　桂小五郎，卽木戶孝允。

是，而期忠義者唯吾同志數人而已，吾等於功業不足而於忠義有餘。（《全集》九，頁 192-3）

即：奔走國事，不得視時期易立功績時行之；形勢不妙時即中止之，即便事將自陷不利或招致失敗，仍應遵循道義，當立足於欲罷不能之至情行之，而不問結果如何。這，就是松陰的真正面目。然而，作為藩當局，即便此事尚屬言論階段，亦不能置松陰而不問的。毋寧說基於此時應行保護禁其行動為上，故在十一月末先發將松陰嚴囚一室之中的命令，十二月五日又發下借牢形式的投獄令，二十六日再次將松陰投入了野山獄。

此時藩主毛利敬親參勤交代上府之期臨近，松陰以(1)對違勅將軍不要參勤；(2)藩主在府中則決起困難；(3)如參勤則等於參與將軍違勅等理由，請求反對參勤，並令門人野村和作❶ 離藩上京，去請伏見說服藩主。然而，野村途中即被藩廳所制押回萩，三月二十二日投入岩倉獄。松陰在再入野山獄前後，曾一時與高杉等絕交，翌年一月憤於時世，又欲絕食，可謂悶悶其思尤切之時期。在四月四日寫給野村和作的信中稱：

> 僕之求死，因無生而成之途也。或曰死而感人許有一理。此番之大事無一人死，可見日本人患臆病太為深重，一人以死告於世，朋友故舊生存，至少有致力之處矣。（《全集》九，頁 323）

---

❶ 長州藩士分待遇。入江杉藏之弟，後子爵野村靖。安政四(1857)年十六歲時入松下村塾門下。維新後歷任神奈川縣令、樞密顧問官、內務、遞信各大臣。明治四十二(1909)年歿，六十八歲。

這段話，淋漓盡致地表現了松陰將政治與學問、思想與生活準則融會一貫的眞正面目。的確，在松陰身上，所謂學問，不是書齋中的究理考證，而是直接與現實的天下國家問題直接相聯的。政治行動時時爲道義所支撐，當仰俯天地而無可恥之處。

第七章 「至誠而不動者未之有也……
願以身驗之」

　　由井伊大老強行推動的安政大獄，其背景是圍繞第十三代將
軍家定繼任者的一場抗爭。 也就是意欲擁立 年長英明且又望 重
之水戶家出身的一橋慶喜的親藩、 外樣的明君 集團——松平慶
永❶、德川慶恕❷、島津齊彬❸、伊達宗城❹、山內豐信❺ 等，
以及支持他們的幕府內的開明派有司、諸藩士、知識分子中的多
數人，在貝利來航之後就希望慶喜任將軍輔佐，以助昏庸多病的
家定， 而這種默契之下的運動， 自家定就任將軍時起就已在著
手進行了。安政四年八月哈利斯來到江戶，謁見將軍的消息一公
佈，運動就日漸活潑，慶永等人在此竟公然向幕府建議的同時，
亦對朝廷方面也加緊了做工作。他們標榜天皇意旨亦在一橋派方
面，以期達到預定的目標。
　　那麼，一橋派所設想的政治構想又是怎麼的呢？ 松平慶永的

---

❶　越前福井藩（親藩）主，1828-1890 年。
❷　名古屋藩主（親藩御三家）1824-1883 年。
❸　薩摩藩主（外樣），1809-1858 年。
❹　宇和島藩主（外樣），1818-1892 年。
❺　高知藩主（外樣），1827-1872 年。

親信，一橋派事實上的頭腦人物橋本左內認爲，爲著渡過貝利來航後的內外多難時局，強化現在的中央政府幕府體制乃必不可缺；當求國內人心之統一與鼓舞士氣，而迎來足以使諸大名以下信服之有力量的將軍家實屬必須。也就是說，以往的幕府並不依將軍自身，而是產生於從譜代大名中選出的若干名老中之中，而諸大名中又有對此持疑問之傾向，爲把握住國政之中樞以對抗外來壓力，在幕政之頂點上，當以自主之政治意志君臨天下，統轄老中以下，惟有迎來如此英明之將軍家方可。然現實是在對外方面，將長期之鎖國一擲了之，積極地與諸外國行通商貿易，儲國富與世界強國俄國結攻守同盟，決意與抱侵略意圖而逼來的英國不辭一戰而期大舉進出海外。所有這些，幾乎都先取了明治維新以後日本外交方針的具有先見之明的展望❻。

對此，欲維護以譜代大名爲中心的幕府傳統政治體制的集團，則策畫迎來家定的堂弟、紀州藩主德川慶福（家茂）。此卽爲南紀派，其中心人物卽是井伊直弼。其論據是：

> 此等時節言可立明君，自下而上撰之全爲唐風之所在。況且我身之爲皆可撰出乃不曾有之事，不忠之至（中略）。候上之英斷之外別無他途。（《井伊家史料》五，頁 467-8）

也就是說，不論賢愚而選後嗣，乃外國之作法；日本則歸根結柢

---

❻ 小著《橋本左內》第五章（昭和三十七（1962）年吉川弘文館刊）。然而，尤如明治外交史上十分清楚的那樣，實際上英國、俄國的位置是相反的。日本是在英國後援之下針對俄國往東洋進出而打起了日俄戰爭的。

需以血統之近爲首先，且應以主權者將軍自身意志來決定之，由局外人或乃至下級者介入則爲違背君臣之道的❼。這位井伊亦是爲著越過條約勅許奏請失敗後的幕府危機而親任大老的。

井伊大老在試圖修復與朝廷之間十分激烈的對立關係的同時，仍希望能獲得勅許條約的下旨。然而，鎖國意志強硬的孝明天皇乃至朝廷方面卻不輕易軟化，乘此間際一橋派方面意在挽回的運動也在執拗地被推進著。但當乘阿羅號戰事之勝利餘勢大舉而來的英法艦隊將來日本之情報傳來，終於未經勅許而於六月十九日締結日美修好通商條約；二十五日則公開發表將軍嗣繼將自紀州家迎來慶福（家茂）。對此一橋派以及非開國派展開了猛烈的反對運動，最後發展到了暗諫罷免井伊大老的戊午密勅降下。大老爲他們意欲摧毀大老自身地盤乃至幕政基盤行動的危機感所迫，遂於九月發動了以逮捕梅田雲濱爲導火線的安政大獄，此即爲前文所述的。

松陰在這一時期，只是每日與門下生們在松下村塾的一室中研討學問。當然，這期間也有對時世的批判、建議，但以松陰自身爲中心有所行動，則是不被允許的。在此意義上，與反井伊派的直接行動也是沒有關係的。只是他對將軍嗣繼問題似早有關心，在嘉永六年四月上府途中經大阪時，聽到將軍家父子突然逝世（誤報），「蘭千代君」卽慶福（家茂）入江戶城，他爲此風聞而歡欣鼓舞（《全集》八，頁154）。但松陰之意志是本就在一橋方面的。安政五年三月在送同志中谷正亮的序中他寫道：

　　征夷府久不置世子，或以爲憂。近聞一橋卿被選入西城，

---

❼　參閱小著《改訂增補幕末政治思想史研究》第二章。

> 甚協士論二三之大藩又有以正義奏朝廷者。事開機來，正
> 復有日。是誠竭志士力量之秋也。（《全集》五，頁 132-
> 3）

爲著匡正幕府的政務執行，他期待慶喜就任將軍和明君集團的參
加幕政。並希冀著奉被這體制所擁的朝廷意旨，走自主獨立之
道。

梅田雲濱被捕後，對志士的追究和捕縛也一直在繼續著。在
水戶有關人士中，有戊午密勅的直接有關人士、京都留守居鵜飼
吉左衛門·幸吉父子、朝廷有關人士、諸藩士、浪士、學者及其
家屬等數百餘人。一橋派的頭腦人物越前福井藩士橋本左內，在
江戶藩邸內遇著了幕吏的搜查，十月二十二、三日卽被命前往町
奉行所報到。在幕府，作爲審問國事犯的合議機關，設置了五手
掛❽，形成了非同一般的發展。

通常，因松陰其名太盛，又在大獄刑死遇上了這一死於非命
之運，故有一種誤解的傾向，認爲他是安政大獄第一等的注意人
物。然而，自幕府發出讓長州藩束送松陰之內部命令，乃是五月
十四日，大獄的審問已過高潮，判決亦將下達之後了。但嫌疑並
不是直接針對松陰本人的，而是調查最重要的嫌疑犯梅田雲濱的
其中一個環節。前一年九月七日在京都遭逮捕的雲濱，十二月二十
五日被解往江戶，翌年正月九日到達江戶，關押在小倉藩主小笠
原忠嘉邸。三月十二日在評定所舉行了第一回審訊。這之中，雲
濱安政四年正月訪萩時與松陰會面一事雖已明了，其時兩人是否

---

❽ 因係由町、寺社、勘定各奉行及大目付、目付五部局有關人員構
　成，故有此名。此外，尚有月番老中一名陪席。

有過什麼密議這一小點是要查明之主要所在；另一個是近來有人往京都御所投文，要查清是否係松陰所為。大獄的彈壓出乎預料地又廣又強，自是顯而易見的了。但上述疑點並不致預測松陰將遭刑死。

在預定的五月二十五日 東送出發之前， 在前一夜的二十四日，松陰出野山獄，回家到了父母兄長和叔父等等待者家中。此舉本不屬藩法允許之事，但司獄福川犀之助❾下定了一切責任自負的決心，獨斷決定的。此事一旦洩漏，剖腹自殺是不可免的。能使福川做出這一舉動，是松陰前次禁囚在野山獄的一年零兩個月中福川親眼見到了松陰的為人，而為松陰這種少見的人格所感動促成的吧！已對松陰執弟子禮的福川，不惜捨上一命，而為松陰創造了與至親骨肉訣別的機會。 所幸的是， 藩廳雖於萬延元(1860) 年十月處分了福川，但由於聽錯了命令，僅以畫間禁閉十日的輕微處分了事。

是夜松陰泡在母親為他準備好的洗澡水中，一邊讓母親幫著搓背，一邊聽著母親祝願他平安歸來的話語，他在心中發誓，一定要健康地回到母親身邊來。他還遵從母親的勸言，在佛壇點上燈合掌祈禱。松陰一生中從骨肉親人中受到的恩愛是無可言語的，而以上這些，又足以說明他是多麼深愛著自己的母親。第二天就要向江戶出發了，說是與父母、兄長、弟弟、叔父、外甥、門人們訣別，但在這時候，所有的人根本不曾預測到松陰會在大獄被斬。但作為幕府之罪人， 長州藩派遣護送官員三十餘人， 嚴加

---

❾ 野山獄司獄。安政元 (1854) 年十月松陰入獄後，十分崇敬松陰之人格，翌年與同為司獄的弟弟高橋藤之進一起執弟子禮。松陰在獄期間，曾多方設法關照。

警衛，所乘犯人用車上鎖，腰間繩縛。對內心已下決心諫死來抗爭幕府的松陰來說，這天早晨的訣別，大約已兼有生死離別之意了吧！萩城下郊外的淚松，是將離萩的人與萩依依惜別的地方。松陰在這裏詠出的和歌唱道：

思定此旅不回歸，
　淚松感涕更沾襟。（《全集》七，頁313）

從中也不難看出松陰精神的準備吧！而事實上，這天早晨，確也成了松陰與至親骨肉永別的日子。

旅途中無恙平安，六月二十五日到達江戶長州藩邸；七月九日被喚至評定所接受第一次訊問。幕府所懷疑的有兩條，一是安政四年正月，梅田雲濱遊萩時，倆人會面談及何事；二是此時有人往京都御所落文，其筆蹟與松陰相似，其實如何？

關於第一條松陰答道：吾雖與雲濱為舊交亦相知匪淺，但其人「妄自尊大，視人如小兒」，故自己與此等人不屑共事；且倆人談話只及座禪，未涉政治。至於第二條，因自己正受禁止外出之處罰，亦不曾上京，且不好遣人上京，行此等不光明正大的作法。至於落文，聽了其中一節，即知非己之所作；加之用紙亦非己之常用罫紙。此答辯可謂十分出色（玖村敏雄《吉田松陰》，頁342-3）。因此，如果松陰的答辯就此打住，幕府的責罰自是微不足道，在大獄也不致丟掉性命了。

然，松陰卻將在東押之際自己向周圍發誓之事，用來付諸實行了。在這之中，下面這一段給松下村塾全體門人的話，尤其值得注意。

　　「至誠而不動者未之有也」。吾學問二十年，齡亦而立，
然未能解斯一語。今玆關左之行，願以身驗之，若乃死生
大事，姑置焉。巳未五月二十一日回猛士。

　以至誠待之無論何人無有不爲之心動者，此是孟子所言。對愛讀
《孟子》的松陰來講，這句話又是不容置疑的。去秋以來陸續遭
逮捕，事情漸漸查明的有關志士們的情報，松陰自然也不是不知
道的。他當然也估計到了有關的處罰是決不會輕微的。就在這種
時候，松陰豁出了性命，要真正領會這句話的意義。現在，幕府
屈服於哈利斯的強硬要求，未仰勅許卻要締結條約，正實行著松
陰最爲警惕的喪失自主性外交路線。在國內，則責罰有志大名，
將其從中央政界清除出去，並大肆逮捕意欲匡正幕政的諸藩士、
志士，興師問罪。今日幕府之所爲，無一不非。
　　由是，松陰決心以血肉之軀來與幕府一辯是非，直言正色攻
幕府之非，以求其反省。而幕府對松陰的嫌疑並非重大，松陰的
答辯亦足够的了。以松陰自己講，問松陰之罪，輕則在萩繼續禁
閉不得自由；重則不出置他藩看管。然而，松陰對幕吏力說貝利
來航之後施策上之失誤，欲促幕府反省之。幕吏表示出友善的態
度道：「汝一片赤心，爲汝當細細聽之」。松陰被如此一引，就
毫不隱諱地稱「寅，死罪有二」。和盤托出了激憤於違勅問題而
計畫做的二件事：間部老中要諫；大原三位西下之案。無須庸
言，這二件事只不過是停留在計畫乃至議論的階段，而並未付諸
實行的。幕吏原先對此自是一無所知，但在當時情況下，卽使說
僅僅是計畫、議論，也是不容忽視的問題了。驚愕不已的幕吏對

松陰宣佈道:

> 汝心誠爲國家，然間部乃一大官。汝欲及之，大膽甚至，
> 汝須明白。審訊期間將汝置武士身分用之牢獄之中。

幕吏對松陰不惜性命的做法雖不見得不動心，但以公務論，自然不能等閑視之了。下定了決心，又一心指望幕府反省的松陰以爲「奉行亦有人心。雖欺吾亦可也」，但事不邃願的。松陰豁上性命實踐先賢孟子的教誨，到頭來還是壯志未邃（玖村敏雄《吉田松陰》，頁343-4）。

僅以此事若定松陰爲革命家，那就大錯特錯了。既有志於推動政治運動，就應盡一切可能掩蓋所有計畫，始終欺騙政府官吏，以求延命，備來日之再起才是。像松陰這樣，高高興興落入敵人設下的圈套，這種過分的純情，方法之拙劣自是不待言的。況且，松陰絲毫也沒有打倒幕府，否定體制的意思。然而松陰多少年來就是在追求著學問與思想、行動的充分一致，他自己決不視此爲魯莽之舉和方法之拙劣，反是認爲非如此則不足以責己心之不致至誠。

第八章　永　生

　　這樣，松陰就變成了自己求來了一死。但九月五日第二回、十月五日第三回的審訊，並非冷酷無情，倒不如說是十分寬宏大量的。據十月六日松陰致飯田正伯的書信稱，死罪首先不會，流放孤島亦可一免，逐出領地雖己之所望但似困難，重則監禁其它藩中，輕則與迄今同，在萩繼續過塾居生活（《全集》九，頁458）。從這封信中可以看出，松陰當時是相當樂觀的。然而，十月六日當將幾次審訊答辯之內容歸納了的供詞讀給松陰聽，其中有「要諫間部老中，如其不聽，當以刀双相見云云」之文字，從中可預測到將有重罰下達，預感到了死之難免，逐於十月二十日給父、兄、叔父寫下了永別的書信：

　　　平生之學問淺薄而不能至誠感天地，直至非常之變（中略）。幕府正義毫無取用之處，夷狄縱橫自在跋扈府內，神國未不墜地，上有聖天子下充忠魂義魄則天下之事餘而無落空之，此乃吾之所願也。切望隨時珍重，萬壽無疆。（《全集》九，頁480-1）

松陰披瀝至誠之心當事則道必開這一確信，甚至吐露出了幕府並

未察覺之重大計畫，以求爲政者之反省，但他這純粹不渝的一片
心願，還是被無情地踐踏了。松陰雖不久就將迎來死期，但他的
信卻決不是陰鬱的。他知道至親骨肉曉得是他自找了刑死一定會
傷心嘆息，遂反過來安慰他們，聲稱回天之時定將到來。這封信
中的絕命和歌唱道：

> 兒思父母一片心，
> 不及父母思兒情；
> 今日幾時郵差至，
> 翹首踮足盼音信。

　　時間雖已流逝了百三十年，但松陰這首格調高雅的和歌，至
今仍留存在了解他的人們的腦海之中。

　　接下來，十二月二十五日他預感到執行之日將近，爲著將此
時此刻之心境與己之希望留給門人們，松陰提筆撰《留魂錄》，
於翌日二十六日傍晚時分寫就。 此爲就刑的前夜。 全文約五千
字，敍其以至誠答幕府之訊問，然不爲其所容之經過，所幸未累
及他人，僅限於己一人，言所謂悠悠心境道：「此回初素不謀生
又不必死。唯以誠之通塞委天命之自然」。談及將迎來死，又寫
道：

> 人壽無定，非如未稼之必經四時。以十歲而死者十歲中自
> 有四時。二十自有二十之四時。三十自有三十之四時。五
> 十、百自有五十、百之四時。若以十歲爲短則欲使蟪蛄而
> 爲靈椿。 若以百歲爲短則欲使靈椿而爲蟪蛄。 齊不達命

也。義卿三十，　四時已備，　亦秀亦實，　其爲秕其爲粟非
吾之所知也。若同志之士憐其之微衷有繼紹之人乃後來之
種子未絕，　自不恥未稼之有年是也。（《全集》七，頁
325）

有人十歲死，有人活至百歲，而今自己三十歲將完結大自然
之四季。所禱願惟有：

　　生還七回吾不忘，
　　攘夷之志終不渝。

這首和歌也像在安政三（1856）年四月寫的論楠木正成的〈七生
說〉中所述，要將忠孝節義之精神傳至後世，使後人奮起，以此
爲己之使命。卷頭有名的一首和歌唱道：

　　此身即朽武藏野，
　　大和魂留終不去。（《全集》七，頁19）

而末尾中的五首和歌寫道：

　　心念種種無遺存，
　　亦無所思留人間。

　　今世尚有呼喚聲，
　　恐無他音待我生。

哀吾被討見悲人，
崇君莫如去攘夷。

愚吾尚為友人愛，
我勸人人皆愛友。

生還七回吾不忘，
攘夷之志終不渝。（前已出）
（《全集》七，頁330）

這些和歌，正是充分表達了松陰不思生死，於悠悠天地之間仍確信尊王攘夷精神之永生的胸懷。

筆鋒一轉又談及十月七日早一步被處刑的越前福井藩的名士橋本左內，倆人雖同囚傳馬町獄舍之中，卻無緣相逢，又無緣共論天下道理，實屬可嘆之事。但松陰對自己也將迎來與左內相同的命運，亦是無絲毫躊躇之意的。

就這樣，十月二十七日來到了。聽到來到了牢舍的官吏的呼名，松陰取出現成的懷紙，寫下了絕筆的和歌：

此番出立已思定，
今聞呼聲尤自喜。

在聞字旁打上了「·」，是從和歌排列上第四句的不足五字音，只有四字音，而松陰察覺到字音不足，然而，已沒有補訂的時間

了。但反過來說，行將赴死，卻又心澄如洗。在評定所有松平、久貝、石谷三奉行以下及長州藩士小幡彥七在場，當場宣讀了判決書：

　　松平大膳大夫（毛利敬親）家臣杉百合之助，引渡蟄居之浪人吉田寅次郎其方儀外夷之狀態等當察之，曾於寅年（安政元（1854）年）犯登入異國船之科引渡至文杉百合之助處以使其蟄居，然其身雖無自由而猶頻頻倡海防筋之儀，謂通商外國、開闢數港乃柔弱之處置，爲國之則不成，遂倡誠實友愛之儀，依願和親交易之夷情而行之事於吾國之不合，當拒之不受。又，著當前之形勢當人心一致守護天子而不依卑賤之人撰擧人材，振國威而向政事乃國之重要事之大作(對第一道)，其外狂夫之言或題時勢論，且發與主家或右京家等，殊墨夷暫定條約將定，知御老中將上京，右更察外夷之處置情形，雖身在蟄居之中，然下總守殿（間部詮勝）通行之途中出之，問如何處置，行估計，如其不自然明，則以一死殉國之心情，極必死之準備，近御同人之御駕籠，申己之建議，以示爲國家之旨，然非憚公儀不敬至極，右更兼蟄居中之身分而與梅田源次（雲濱）會見等，旁之失措乃付死罪是也。（《全集》一一，頁375-6）

　　郎：貝利來航潛入美艦，依罪當屬禁閉之中，卻批判幕府之外交政策，越身分之差，稱應擁天皇而勵攘夷之多數意見書，且欲以身迫諫間部老中，其不憚幕府甚極，失措之多遂課死罪也。另據

傳說，評定所原來判案是流放（送往孤島），但井伊大老來了個
罪加一等，結果與橋本左內一樣了❶。

其後，再行返回傳馬町獄，近正午時在舍內一角的刑場上，
山田淺右衛門的快刀一揮，松陰即身首相分了，在赴刑場途中寫
就的《留魂錄》和歌唱：

此身即朽武藏野，

大和魂留終不去。

以及那首絕命詩：

吾今爲國死，

死不負君親。

悠悠天地事，

鑑照在明神。

這松陰親作的詩歌，在他赴刑時引吭高歌，入座時亦悠悠之擤
鼻，神態自若，一旁之人無不爲之感動。就這樣，松陰走完了自
己純粹無垢、至誠一途、如火燃燒的三十年人生道路。

---

❶ 安政大獄有關人員中處死刑者共計八人。安島帶刀、茅根伊豫之
介、鵜飼吉左衛門、鵜飼幸吉、賴三樹三郎、飯泉喜內、橋本左
內以及松陰。這中間因五手掛擬律案文而成爲死刑的，戊午密勅
降下時直接參與的僅爲鵜飼父子，水戶藩重要人士的安島無事，
其它則重者發配孤島而已。另一方面，於老中席處，將原判決減
輕一、二等乃係慣例之事，及至井伊大老，反倒加重了。有關人
士對此無不吃驚，但此爲位處權勢之座的大老之命，似乎是亦不
得不照命辦事的（文部省編《雜新史》二，頁658-9）。

　　處刑後長州藩有關人士曾交涉收容松陰遺體，但幕府總是不允。後經向獄吏八方周旋，結果於二十九日午後總算在罪人死屍取捨場的小塚原回向院，收容到了松陰的遺體。在場之木戶孝允、伊藤博文、屋寺新之丞、飯田正伯四人，均係仰松陰爲吾師之人。遺體裝入一四斗桶之中，四人圍攏掀開蓋子一看，被砍斷的頭顱顏色仍鮮如生前，髮亂掩面，血肉模糊，令人慘不忍睹。屋寺、飯田倆人寫給萩的高杉晉作、久坂玄瑞等人的報告書稱：

　　　　此時四人之憤恨遺憾當可察知也。（《全集》一一，頁428）

其悲憤之甚自不待言，亦可說長州藩不久後即站立在倒幕運動之先鋒的志向，於此時此刻也就決定下了。松陰的生與死，其重如此。

　　說到埋葬之事，因係國事犯，要樹正規之墓石自不被允許，當初只是放置一塊巨石，以作標記而已。其後在自然石上刻上了

　　　　安政己未十月念七日死，松陰二十一回猛士墓，吉田寅次郎行年三十歲

這三行字，立了石碑，而據說費用是出自藩庫。

　　其後文久二（1862）年十一月，安政大獄之後倒在國事之上的志士們的罪名被解除，建碑遂被允許。此即於翌年正月五日，高杉晉作等掘出了小塚原舊埋葬地的遺骨，改葬於武藏野若林村（東京都世田谷區若林）。而在松陰歿後第二十四年的明治十五

（1882）年，在墓旁建起了松陰神社。接下來又於明治二十二年二月十一日明治憲法頒佈的特別日子裏，松陰被追贈正四位。這一天，沐之恩典的，其它僅有西鄉隆盛、藤田東湖。明治四十年十月在萩的松下村塾範圍內建起了松陰神社，並列入了山口縣社（縣社，係神道方面的「神社」的等級之一，其日常維持費用，由縣財政支出，譯者注）❷。昭和七（1932）年二月世田谷松陰神社亦成爲東京府社❸。由此，在松陰生誕、奧津城兩處有了松陰神靈的歸宿之處，也成了他歿後百三十年的今天，追慕松陰其人的大多數日本人心靈的寄託之處。可以說，松陰通過自己至誠純粹的一生，至今作爲眾多日本人心靈的故鄉仍活在他們之中。

─附　錄─

《留魂錄》與沼崎吉五郎

《留魂錄》，是松陰預知處刑之日將近，爲著把自己心境與遺志傳達給門人，自十月二十五日開始寫；又於赴刑場前一天的二十六日傍晚時分寫成的。這篇松陰的絕筆，是十分著名的。其原稿本作爲萩的松陰神社的神寶一直傳至今日，另有抄本三部。據說在著述本文時，松陰慮及牢內恐有萬一，遂作成二部，其中一部很快就交到了在江戶的門人們手中，十一月下旬萩的父、兄

---

❷ 昭和二十（1945）年十二月依據聯合國最高司令部頒發的神道指令而廢止的國家神道時代，各依神社之社格，其經營之供進金由道府縣市町村支出。

❸ 同上註。

們也讀到了（玖村敏雄《吉田松陰》，頁361）。但不知何故，這一部後來下落不明，至今深爲有關人士所嘆息。

現存的一部，是松陰委託同囚的沼崎吉五郎❹，在沼崎出獄後轉交門人的。沼崎原係福島藩之人，因殺人嫌疑已在獄五年。在松陰下田踏海失敗後自下田押至傳馬町時，沼崎已在獄中，自那時起卽與松陰相識了。在因安政大獄之調查而東下的松陰再次被投入傳馬町時，五月沼崎已受到了放逐三宅島這一遠離本土的島上的判決，計畫在十月乘船前往。當時沼崎任獄中的西奧揚屋名主代，因知道松陰而對松陰格外寄於同情。他曾寫信給上座的退職老官，求其免去松陰的牢內雜役，表現出他對松陰的一片好意。松陰正是依據沼崎的義氣，才將《留魂錄》託付與他的。松陰被處刑後，沼崎被從牢中提出，他是採取了何種方法雖至今仍未明了，但他帶上《留魂錄》去了三宅島。明治七（1874）年獲準返回東京的沼崎，找到了明治九年位處神奈川縣令之職，曾經是松下村塾門人之一的野村靖，親手交給他自己多年精心保管的《留魂錄》。此已是松陰刑死十七年之後的事了。先師松陰絕命書失落已久，衆人已不抱奢望，沒曾想松陰《留魂錄》這一手蹟失而復得。門人及有關人士欣喜之情自是無法形容的。《留魂錄》託沼崎守義氣之福，它至今保存在萩的松陰神社，向人們展示著松陰畢生的魂魄。

說起來，沼崎本身有著殺人嫌疑，又只是市井中比比皆是的

---

❹ 福島藩士能勢久米次郎家臣。安政六（1859）年七月松陰再度入獄時，其人任牢名主，十分尊敬松陰，並爲松陰多方提供方便。明治九（1876）年親手將《留魂錄》交與野村靖之後的情況雖然不明，但據說其一生並非善良敦厚的。

平庸之輩。而他與野村靖會見之後又怎樣了，壓根誰也弄不清楚。但就是這位沼崎，不惜自身性命接下了松陰的遺託，在三宅島這孤島十五年含辛茹苦的日子裏，始終保管好了《留魂錄》。他的所作所爲，著實令人難忘。吉田松陰於學問、思想、人之眞正價值完全一致，這位舉世罕見的人物，爲他的志氣所感動，爲他的人格所魅倒，從貝利到同囚野山獄的囚犯，還有獄卒福川犀之助兄弟，受其影響都做出了非凡的舉動。今日《留魂錄》得以傳存於世，是決非偶然的。

第九章　天皇絕對的思想

第一節　叡慮・勒旨之意味

　　如前所述，松陰三十年生涯學問與思想出色地一致起來，其偉大人格之具體表現，越百年而仍感現代人們之心。這說明了兵學家、儒學家加上歷史學家，又是教育家的松陰身上，有著非同尋常的力量。而其存在之根柢中，使生命跳躍活動著的，究竟是什麼呢？一言以蔽之，那就是漢土沒有而只存於日本的那種萬世一系的皇室、天皇，和對其傾注了所有的尊王之心，戀闕之至情。

　　松陰的這種思想傾向，隨處可見。他的天皇觀最熾烈地噴發出來的，是安政三（1856）年所著的〈評齋藤生❶之文〉一文。也爲山鹿流兵學門下生的齋藤，又是長州藩校明倫館的學生，有次應人之請求寫兵書《六韜・武韜篇》中所說「天下非一人天下，天下之天下也」的感想文章。可以想見，出題者的意願無疑是想看到肯定性的評論的。於是齋藤就沿此線草就了文章，並請

---

❶　齋藤榮藏，長州藩士。天保七（1836）年生。嘉永三（1850）年成　　爲松陰兵學門下，安政四（1857）年從學於松下村塾。明治維新　　後爲島根縣令，盡力保存村塾。明治三十三（1900）年歿，六十　　五歲。

松陰刪改。不料文章遭到了松陰激烈的批評，他說：在漢土卽使
天下非天子之天下，然在日本乃天皇一人之天下，無天皇則無日
本。

也就是說，天皇卽使做出桀王、紂王那樣的暴虐行爲，日本
的民眾亦不允許去行討伐之擧。惟至皇居門前，碰頭伏地號哭，
以求天皇感悟，如天皇怒而不息，謂億兆之民盡誅，則不得已民
當盡死之。由此，日本的國土、國民卽便盡亡不存，此乃爲道
也。若此時有人欲效湯王、武王而討伐暴主救民於苦難之中，卽
使其心係發自仁義，日本的民，也決不會支持的。其曰：

> 謹按，我大八洲乃皇祖肇之所傳萬世之子孫與天壤無窮
> 者，非他人可覬覦也。其一人之天下之事自明。請以設必
> 無無事欲明其眞眞不然。本邦之帝皇或有桀紂之虐，億兆
> 之民仍當唯碰列首頸伏闕號哭仰禱天子之感悟。若不幸天
> 子震怒欲盡誅億兆而四海餘民當無復孑遺，而後神州亡。
> 倘尚有一民存，當惟又詣闕一死。是乃神州之民也。或詣
> 闕而非死則非神州之民也。是時如湯氏者出放伐之擧，其
> 心雖仁雖其所爲非支那人則天竺、非歐羅人則利漢（亞美
> 利加），決非神州人也。而神州之民又何尚與之。（《全
> 集》四，頁 140）

接著，松陰又以長州藩爲例說道，雖有周防、長門兩國土之存
在，然若無統領所有的藩主毛利氏，長州藩則不存，有毛利氏始
有兩國爲長州藩。且，若藩主不似藩主，領屬之民仍不可赴他
國，以棄世而遯，惟力諫藩主死而後已乃士之道也（同上書，頁

141 ）。卽對松陰而言，最重大的問題，與其說是歐美各國將來
航日本，如何保衞日本以度危機這一當前的策略問題要緊，莫如
說是他在追求以捨身盡忠，來效忠日本國活生的存在又是理想之
結晶的天皇這一點。也就是說，在一心獻身於天皇的熱情之中，
才有日本生存的道路。

　　松陰如此的天皇觀以貝利來航爲轉機，在當時不得不從鎖國
往開國的急劇轉變的情況中，又是怎樣決定了他的行動的呢？
松陰親眼看到了貝利艦隊那種壓倒性軍事上的力量，以爲莫如直
接學習西洋各國的先進學問與技術，故犯國之禁令而企圖渡航海
外，他決非單單的鎖國攘夷之徒，而應當說他是一位積極的自主
開國論者。但幕府屈服於安政元年再度來航日本的貝利的壓力，
三月三日締結了和親條約，不得不開放下田、箱館港，接下來
又與英國、俄國、荷蘭締結了同樣的條約。而安政三年美國總領
事哈利斯滯留下田，翌年十月哈利斯前往幕府，實現了謁見將軍
之事，幕府那種一步步的開國路線日顯明確了。松陰以爲，開國
通商雖難以定其是非，但此事終當以自主實行之，以外國所求而
被動接受，惟將踏亡國之道，對幕府於執行政務上，其批判自是
毫不留情的了。他安政五年一月所著〈狂夫之言〉，爲反對幕府
締結條約係不得已而爲之的方針列出了如下的七項理由：

一、此事與朝廷之議正相反；

二、國民對屈服於哈利斯一事十分憤懣；

三、鑑於鴉片戰爭後清國爲歐美各國所侵蝕之現狀，哈利斯
　　之「好意」不可信；

四、允許自由貿易，金銀將流出海外，會招致財政困難；

五、庶民階層將爲外國僞善者的態度所矇騙；

六、如遇開戰，日本國民已失死戰之決心，亡國之災在所難
　免；

七、外國人終將干涉國內問題，必將招致非常事態之發生。
　　（《全集》五，頁94）

並且，時至今日，惟有嚴守已締結的和親條約，以圖國內之充
實，行航海遠略之策，始可再結對等之條約。然而，在此之中松
陰最以爲重者，不庸多言，首先在於天皇、朝廷意圖所在則不否
定締結條約這一點上。上有所慮，則爲臣者惟恭而奉之。況以狀
態所見爲被動之接受開國，必與危及國運相連。

　　但老中首座堀田正睦已決定開國爲不可迴避之路線。安政四
年十二月哈利斯作成的修好通商條約之草案的審議已在進行，翌
年安政五年正月雙方商定已簽訂協議使之成立。大政之事雖全委
幕府，但於外交之事上，更趨仰仗朝廷之認證，此風日盛。此事
固不及明文之規定，但在有力大名中亦多傾向於這方，風向有
轉，以往事後報告卽可之事，亦轉往需事前獲得承認了。幕府對
此亦無強烈排斥，堀田老中亦親自赴京，以爲只要向朝廷懇請，
卽可獲得承認。不料非開國派從中作梗，朝廷方面的反對意思十
分強硬。依三月二十日之最後勅答，其主旨爲：以現時之狀態締
結條約爲不可，當再行詢問諸大名之意見，如在此期間由外國方
面生出事端，卽便應戰亦屬不得已而爲之。其拒絕與否定之意見
可謂十分強硬的了。按原先之解釋，政務是一切委託幕府，雖常
有事前仰仗許可的事，但值此改變三百年來祖法的鎖國狀態，幕
府意欲仰仗朝廷承認以強權威的作法，是完全難達目的了。這對
理當持有執行國事權限的幕府來說，不啻是個不小的挫折。

　　松陰認爲，幕府外交方針軟弱，無自主性，將危及國家之命

運。而朝廷意欲阻止，故松陰對朝廷大加讚賞和促進。以松陰之想，如欲打開當前困難的外交局面，惟有遵奉天皇堅決擊攘外敵的勅旨，捨此別無他途。他說：

> 苟以勅旨沛然而使之流通於征夷、諸藩，征夷率先諸藩而奉事朝廷，諸藩又周旋於朝廷。征夷之間，以天地相交泰之，則皇道宅有不興之理。（《全集》五，頁133）

這段話，強烈地表露出松陰以爲在勅諚的重份量之下，使幕府能轉向強硬、自主的外交方向的願望。前已屢述，松陰決不是個鎖國論者，相反，他有著積極的開國通商的預見。而這實際上與天皇所期待的、朝旨所指示的是相吻合。卽，這是唯一又絕對無二的勅諚，旣爲臣子，惟有無條件全身心遵從。

然而幕府面對帶著阿羅號戰爭終結的情報來緊逼的哈利斯，終於是年六月十九日下決心，井伊大老在未得勅許的情況下，簽訂了日美修好通商條約。松陰得知拒絕和否定了幕府奏請勅許的三月二十日勅答煥發，不勝感憤：

> 此無相貫申逑勅諚乃普天率土之人民死而尚有余罪之事是也。（《全集》五，頁457）

松陰原期望幕府能奉天皇之意趣於外交方針上無失誤，但幕府之專斷無疑是違勅之舉，絕不可饒恕的。這違勅之事，正是統率幕府的征夷大將軍本身之責任，可謂「天下之罪」，不容置疑當「循大義而討滅誅戮」之。如放任不管，將無顏面對天下後世之

人（《全集》頁 192）。時係封建制之時代，人又爲藩主毛利氏
之臣，松陰不忘己之本份，自然是不去否定天下統治者的幕府、
將軍之存在的。對建築起二百年泰平之世的德川氏，松陰身受其
恩義亦懷有相應的尊敬。但幕府既不安宸襟，又背一片叡慮，就
只有用「討滅誅戮」這般激烈的言辭，來追究將軍本身的責任
了。在松陰看來，「神州」之尊嚴既明顯表現在天皇之存在，叡
慮・敕諚則是至高絕對的，雖說是征夷大將軍也應奉篤聖意，而
無任何理由不予遵從。總而言之，松陰尊王論之核心，是要在無
條件遵奉「神州」之化身的天皇旨意之中，去追求至高無上的道
義。換言之，在各國來攻日本之時，如何保衛國土這一現實問
題，立即就與如何護持一國獨自之道即國體這一理念性、人倫性
問題聯繫在一起了。而就其立足點而言，自是絕對遵奉勅諚。

　　在這一點上，說松陰是絕對的尊王論者，莫如說他是熱情的
天皇信奉者來得更貼切。這一思想，在某種意義上不是所謂近代
的東西，而是充分帶有古代性質的色彩，在這限定之中，對松陰
這位承擔責任者，爲近代日本的開拓者乃至先驅者，也許是矛盾
的。然而，違勅的將軍應予討伐，雖是松陰立時下的斷論；但與
先前松陰尊王即是敬幕的主張是絲毫也不相矛盾的思想比較，這
仍然是大相逕庭的了。

　　被視爲後期水戶學派象徵的第九代藩主德川齊昭，天保五
（1824）年十一月十七日欲修復神武天皇山陵，認爲幕府對此當
親自督成此事的著名〈修陵獻議〉陳述如下：

　　　　京都之儀上得奉尊敬，以仰天下一統，此乃勿庸妄論之
　　　　事，第一不可忘其身分之所在，士民尊敬其領主，領主們

又尊敬主上，主上又尊敬京都，此乃在儀，若忘其身份乃
可謂亂民， 而在外有可惡之事實， 在其家中已可謂如是
也。（《水戶藩史料別記》上，頁210）

也就是說，天皇爲天下一統，至尊至崇自不待言，忘卻身分
此事重大。庶民及一般藩士階層，重要的是對各自的領主卽大名
盡忠節。接下來，大名們應努力對將軍家盡忠節。而統治天下的
將軍家則應代表大名以下各階層，對天皇行直接之尊王行爲，這
才是正常的尊王之所在。大名以下的被統治者，他們對其直接統
治者表示的忠節，亦卽是尊王之體現。因此，大名以下者越過這
一階層秩序，排除將軍家而直接尊王，此當謂之爲「亂民」，其
亂綱紀之行爲則是太甚的了。所謂尊王，是維繫將軍家之天下永
世相承的最大之依據所在，如是，才是將軍家獲得的直接尊王的
這一特權，是絕對不能讓與他人之手的。

然而今日之違勅簽約，意味著自動放棄了將軍家在尊王上的
特權。尊王上最大的名分，如今自德川家手中失去了。松陰的討
幕論，正是尖銳地抓住了這一點，而盡管松陰本身無意倒滅德川
氏，但他的討幕論是意義重大的。更重要的，則表現在在此之前
寫就的〈評齋藤生之文〉一文中：

普天率土之民，皆應以天下爲己任盡死而仕天子，不爲貴
賤尊卑而有隔限，此則神州之道是也。 （《全集》四，頁
141）

就松陰而言，對天皇盡忠節，上自將軍下至庶民不應拘泥封
建階層秩序，此係各自所必須實行的義務。換言之，在至高絕對

的尊王面前，封建的階層秩序已不具有任何約束力了。在有著至上價值的尊王面前，要求將軍以下直至庶民，都併排站列在一條橫線上，等同地對天皇捧崇敬之誠盡獻身之行為。在這裏再說一遍，在松陰腦際中，並非有什麼推翻幕府、四民平等之類的近代國家的形象。但松陰身上具有的強烈的尊王熱情，可以說成了在一切價值之源泉的天皇面前，成了消滅身分秩序，明治時期國家基本理念的一君萬民世界的突破口。對天皇一心一意的熱情，在松陰的思想中，雖不能說成了對近代社會的展望也不能說是明明白白，但通往「日本近代」的論理性展開之道，已是充分地準備妥當了。

第二節 從「無所作為的天皇」往「有所作為的天皇」

這裏還有一個問題。即：叡慮・勅旨不可犯固有價值，而臣子者唯有尊奉叡慮・勅旨才是道之所在；但叡慮・勅旨是否能始終是正確又與道義相符的呢？也就是說，叡慮・勅旨如是當今天皇在特定的政治性社會狀況下發出的話，那麼，有時是錯誤的叡慮・道義的勅旨當然有可能會發布出來，對此又該如何看待？在《講孟餘話》發表時，已有了圍繞失德天皇發出的錯誤勅旨所進行的論爭了。保元之亂❷中，後白河天皇發配了崇德上皇，尤其

---

❷ 保元元(1156)年爆發。後白河天皇與其兄崇德上皇，關白藤原忠通與其弟左大臣藤原賴長之對立激烈地爆發出來。天皇、忠通一方召來源義朝、平清盛；上皇、賴長一方則召來源為義（義朝文）、平忠正（清盛叔父）雙方開戰。結果上皇一方大敗，上皇被流放至讚岐，為義、忠正則為斬首罪。此即為保元之亂。

是後白河天皇命原是站在上皇一邊後投降的源為義的長子義朝斬其生父，此事依其論敵藩校明倫館學頭山縣太華所言，正是「乃失君道」之舉（《全集》三，頁530）。為此而在這之後，逆臣屢起，拘禁天皇而加凌辱，離政權朝廷歸武門之類肆無忌憚的太華之說，所有這些事的發生，也就不奇怪了。對此松陰雖未特別為後白河天皇辯護，但也避免從正面去進行反駁。但是賴朝在設置守護地頭之事上雖未隨心所欲，而是請求朝廷許可而後行，其對太華武臣寬容而對朝廷辛刻，歸根結柢不是普天率土幕臣幕土的太華與王土王民，這就與松陰的世界背道而馳了（見同書，頁551-3）。

問題至此並未解決。松陰對堀田老中屈服於哈利斯強求而奏請勅許通商條約，危及國之安全一事持批判態度。但松陰正因為知曉日本四周情勢之緊迫而不是全盤接受朝廷鎖國攘夷的固執態度的。「鎖國之說雖可一時無事，但只不過偷安姑息之徒所喜，非始終為遠大之計也」（《全集》五，頁161），從這段話中不難看出，在軍學家又是怪世家的松陰眼中，舊有的鎖國攘夷論，對日本的生存是極其危險的。安政五年五月上旬寫成的〈愚論〉中有如下的一段：

> 鎖國之定論於幕府必與落後流行的叡慮一概為侮也。此非是僅在幕府之俗吏，稱當今天下材臣智士者皆係此見。如此鎖國一論而非深察時勢且行變革，皇國復興終無可能；且幕府萬一違勅之時，所謂材臣智士者將盡悉站至幕府一邊，由是歸至幕府一邊者將眾，天朝孤立之勢誠令人擔憂。（中略）天朝上鑑自神功皇后以來真正之雄略，行捷

伐異夷之舉，精忠義憤之人人於撻伐之愉快而伸大氣，材臣智士又喜雄略，天下人心一朝歸向天朝。如是幕府諸藩無一人可有隙謂不服也。（中略）此處當深察之爲，使幕府諸藩心服乃處置上之急務也。由是雖可謂將獻媚幕府之見識一概罵倒人如是，然愚論終爲朝廷而發，抑或爲趨幕府之勢而發，事必有終，惟仰明鑑。（《全集》五，頁153-5）

也就是說，時至今日天皇之意願如若仍停留在鎖國這一陳舊見解之上的話，天下志士，有識之士將視其爲遺憾及危險之見，幕府開國路線作爲適合時宜之方策有可能獲得支持。因此，如時下幕府無視叡慮而出締結條約之舉，彼等非但不會動問幕府違勅之不義，倒很可能支持幕府的處置，最終招致朝延的孤立。爲著打開這種局面，天皇當自身理解到鎖國攘夷之非，迅速改爲積極的開國說，此爲必須解決的急務。在松陰所期望的是，要有足以使天下志士仁人奮而起之的叡慮，足以使「天下人心一朝歸向天朝」，「使幕府諸藩心服」之叡慮‧勅旨的喚出是十分必要的。總而言之，松陰認爲當今天皇眼下意思之所在，不是有著絕對的分量，強要臣民們無條件遵奉的。如是，則相反會招致國內的動搖，對外則有將日本之存在引向危險的可能。天皇確實看準時下之情勢，應與將軍大名等再三斟酌利弊，以求立出至當之方針。不可犯「一概稱天子之言如汗，則易偏於一方」之類的愚蠢錯誤（《全集》五，頁161）。

很顯然，松陰認爲，不應將視尊王爲普通常識的「承詔必謹」直接作爲至上絕對的事，而必須要表示出符合道義又足以匡

正時世的叡慮方爲正策。因此，在違勅簽訂條約以後事態的發展
之中表現出的，對當今天皇之旨意時有表現出不滿的言論仍是應
予注意的。松陰在違勅簽訂條約之後，曾激烈批評了幕府所表現
的專斷獨行，倡導應討伐將軍，期待有志大名的決起。然而，爲
九月開始的安政大獄強大壓力所迫的朝廷，已無法取幕府禮問的
姿勢了。松陰在九月二十七日所著〈時勢論〉中寫道：

> 今天朝因扶助德川惟仰公武一和，故德川益逞兇威，諸侯
> 盡悉爲德川所壓而無出勤王之手足，其下之忠義之士若非
> 征夷或諸侯之臣，則無以先主人而企義舉，終有心歸天朝
> 者，亦惟抱志老死，甚者入奸吏之手爲囚奴遭戮死，戀闕
> 之志亦逐日而薄也。迄今之寬大處置，誠非在凡慮之所及
> 處，言尤如是亦可畏處多矣。今後上之果斷時節到來，今
> 一年亦以今之形式上觀望之；則忠臣義士必半數死亡，半
> 數挫折，幕府益逞兇威，諸侯愈懾於纂威，而外夷之患愈
> 深，天下事盡去，失時機而必然無計可施也。（《全集》
> 五，頁253-4）

　　換言之，犯有違勅之罪的幕府，依然逞兇發威而有志大名無
以起而言其非之原因，全係天皇表示出扶助德川、公武合體這種
溫和姿態，而無法禮問將軍過失所致。而此等狀態如無改變，
亦有招致志士們勤王之志消失殆盡的危險。

　　在這裏松陰所要說明的，是天皇要正確把握當今情勢，正確
理解當今情勢，果斷禮問幕府違背勅諚之過失，堅持正道義所在
之姿態，將眞正之勅旨佈告天下，以鼓舞尊王的志士，激勵尊王

的志士，此方爲打開內外危機不可或缺的正確作法。松陰認爲：
天皇必須不是無所作爲的天皇；而叡慮・勅旨也不應是發自任意
或恣意的。 人們所期待的， 是天皇從無所作爲往有所作爲的轉
變，並足以發出循道義而匡正天下的勅諚來。

那麼，松陰所說有所作爲的天皇，究竟又是怎樣的呢？他在
〈時勢論〉中有這麼一段話：

正因後醍醐天皇隱岐之出，方有天下義兵一同發之也❸。
且，自此之先而有後鳥羽、順德、土御門三位天皇所受之
苦難❹。 （中略）確乎也，桓武以來持守帝都，則無論幕
府何等逞逆焰行悖慢，則決心據後鳥羽、後醍醐兩天皇而
行事，正成❺、義貞❻、高德❼、武重❽之類者必累出無

---

❸ 第九十六代的後醍醐天皇志在再現天皇親政，計劃打倒和消滅鎌
　倉幕府，正中之變(1324)、元弘之變 (1331) 均告失敗，最後被
　流放至隱岐。後終於逃往伯耆，在名和長年、楠木正成、新田義
　貞、足利尊氏等舉兵之下滅亡了幕府，還幸京都，實現了建武之
　中興 (1333)。然而時過不久，足利尊氏離叛，於吉野建南朝以
　期挽回形勢，終未果，駕崩 (1339)。
❹ 承久三(1221)年志在恢復朝廷權力的後鳥羽天皇，以鎌倉幕府第
　三代將軍源實朝被殺爲機，舉兵追討執權北條氏。但因不敵北條
　義時之大軍而敗北，第八十五代仲恭天皇遭廢，後鳥羽（第八十
　二代天皇）、土御門（第八十三代天皇）、順德（第八十四代天
　皇）三上皇分別被流放至隱岐、土佐、佐渡。此即爲承久之變。
❺ 楠木正成。
❻ 南北朝時武將新田義貞(1301～38)年。忠勤於後醍醐天皇，與足
　利一方戰而死之。
❼ 南北朝時期的武將兒島高德。後醍醐天皇流放隱岐途中潛入行在
　所（即天皇行宮，譯者注），據說還在庭前櫻花樹上記詩以示忠
　心。生歿年不詳。
❽ 南北朝時期的武將菊池武重。作爲在九州的南朝一方大肆活動。
　筑後川之戰中的武光之兄。

窮是也。（《全集》五，頁250-3）

　　為著打開時下之困難局面，天皇是不能坐而無為的。如後鳥羽、後醍醐天皇等斷然向天下披瀝決心，而不應逡巡一身之禍福吉凶。這幾位天皇正是在為著被武家奪去的天下大權回復如自古而是之朝廷，而舉討幕之兵的。然戰而無功天皇一方終歸敗北，後鳥羽天皇被發配流放至隱岐、順德天皇則往佐渡、土御門天皇則往土佐之地，並均駕崩於各自的流放地。後醍醐天皇敗於最初之舉兵而未逃脫流放隱居這一悲慘命運，卻因楠木、新田、名和長等武將之英勇奮戰，鐮倉幕府終被打倒，見到了建武中興、王政復古的實現。但好景不長，由於足利氏❾背叛，天皇又不得不潛入吉野深山之中，而在京都則由於足利氏之擁立北朝得以建立。然天皇舉南朝正統之旗而不屈，終在逆境中駕崩。正因為這是位身處困境而不改初衷——對理想的追求。而毅然決然忍受逆境，對松陰來講才是有所作為的理想天皇。所有這幾位天皇都在半途之中倒於非命，但這又使戰士奮起，後世之人亦知其為壯烈堅定的了。此正是非無所作為之天皇而為有所作為之天皇，此等天皇，正是天下萬民仰仗之真正天皇。

　　松陰以為，天皇既是皇祖神天照大神的神胤，是國體的具體體現，天皇無所作為又有尊嚴自不待言，但不能僅是一種自然的存在，應當是時時遵循道義，毅然決然地堅持理想的。為此，松陰期望天皇應君臣相互感悟，以涵養君德。在《講孟餘話》·

---

❾　足利尊氏。元弘之變時，討波羅探題而為建武中興之功臣。然後背後醍醐天皇而擁北朝，成為室町幕府第一代征夷大將軍。1305-58年。

〈離婁〉篇中，松陰解釋道：

> 君、乃君，臣、乃臣，父、乃父，子、乃子，夫、乃夫，
> 婦、乃婦，天下豈有不平之事。（中略）若君雖說不君，
> 然君，仍爲君，則天下倘平也。雖說臣，不臣，然君，仍
> 爲君，天下倘平也。此處乃工夫之所入也。君，當盡君之
> 道而感悟臣。臣，當盡臣之道而感悟君。父子兄弟夫婦亦
> 一理也。（《全集》三，頁182）

君不君而臣仍當臣，乃通常所說之君臣關係上應有的形態，
松陰所說的君臣同踏道義之道，相互感悟而始有純正之君臣關係
得以維繫，其理也在於此。然而，臣守臣道固爲當然，但更重要
的是：天下之君的天皇，應踏正確之道義，成爲或許會走錯道路的
臣下萬民之模範，感化臣下萬民，匡正臣下萬民，這正是時勢所
要求於天皇的。這樣的天皇，所出之叡慮‧勅旨自總係符合道義
且又純粹正確的。而臣下萬民又遵此一途一心獻身不惜性命的。
因此，無所作爲的天皇恣意之下發出的叡慮，極難說是其意重大
無比且又必得遵奉不移的。無所作爲之天皇應是有所作爲之天
皇，應時時涵養君德，臣下對此更應一助。而天皇值此瞬間萬變
之時世中，當賢明對之，發天下萬民得以依賴之勅旨方可謂事之
道也。

簡而言之，松陰天皇觀中最大的關鍵，並非將國體具體體現
的當今天皇，就此視作絕對至上的存在。而是以我國歷史上可以
見到的理想天皇形象爲規範，且希冀當今天皇無限地努力接近這
種理想天皇形象。正是這種天皇的叡慮‧勅旨是有著千鈞份量的

眞正勅諚，臣下萬民則需誠恐誠惶竭盡全力奉行，爲其實現而不畏死、不畏難，視其爲至高無上的存在方可。

第三節　「天皇絕對」之意義

如上所述，松陰的天皇觀與同時代有識之士乃至志士們所具有的天皇形象，尤其是天皇在政治天地中所處位置上的看法相比較，這是極其特異的一種思想意義的東西。在十九世紀前半葉外患內憂危機緊迫之中，作爲試圖打開這一局面的意識形態，使得當時的有識之士、志士們視聽爲之傾倒的，是後期水戶學派的尊王攘夷論，其倡導者則是藤田幽谷❿，幽谷的天皇觀，在他十八歲時所著〈正名論〉中有下面一段極爲明快的文字：

赫赫日本，自皇祖開國，父天母地，聖子神孫，世繼明德以照臨四海，四海之內尊之曰天皇。八洲之廣非民之眾，雖有絕倫之力高世之智，自古至今未嘗一日有庶姓奸天位者。君臣之名上下之分正且嚴，猶天地之不可易也。是以皇統之悠遠，國祚之長久，舟車所至，殊庭絕域，未有若我邦也，豈不偉哉。（中略）而況天朝，開闢以事皇統一姓，傳之無窮，擁神器、握寶圖，禮樂舊章率由不改，天皇之尊宇內無二，則崇奉而事之。固非若夫上天杳冥，皇

---

❿　名一正，通稱次郎左衛門。文化四(1807)年彰考館總裁，隨後又任郡奉行。文政九(1826)年歿，五十三歲。藤田東湖之父，會澤正志齋之師。

尸近戲之比，而使天下之爲君臣者取則莫近焉。是故幕府
尊皇室，則諸侯崇幕府；諸侯崇幕府，則卿大夫敬諸侯。
夫然後上下相保萬邦協和，甚矣。名分之不可不正且嚴
也。今夫幕府治天下國家者也，上戴天子下撫諸侯，霸主
之業也。其治天下國家者，攝天子之政也。天子垂拱不聽
政久矣，久則難變也。幕府攝天子之政，亦其勢爾。異邦
之人有言，天皇不與國事，唯受國供奉，蓋指其實也。雖
然天無二日，上無二王。皇朝自有眞天子，則幕府不宜稱
王。雖則不稱王，其治天下國家，莫非王道也。（《幽谷
全集》，頁 227-9）

也就是說，與歷史上反反覆覆的易姓革命發生的漢土相比，
吾日本惠得萬世一系之天皇，君臣上下之名分嚴然保持至今，從中
卽可尋出國體之精華。這世界上天皇之存在無有其二，可謂神州
之具體體現，對天皇而存在的君臣關係其位置是絕對的。在這裏
值得注意的是，在以將軍爲頂點的階層秩序之中，臣下庶民一律
是不允許遵從直接的尊王行爲的，唯一被允許的，僅僅是統率諸
大名以下的將軍家，諸大名以下努力忠實服務於各自所屬的直接
統治者，這本身就是尊王的了。直截了當地說，將軍崇敬天皇，
也就本身更加強了對天下的統治。無需庸言，這一時代日本歷史
的研究十分活躍，奈良、平安以前的時代，天皇親行祭事，其後
藤原氏助天皇開始了所謂的攝關政治，卽政權是在朝廷。這些，
有識之士都是知曉的。然而隨著十二世紀鎌倉幕府的開設，經室
町幕府時代，於十七世紀初德川家康一掌天下，天皇就完全被推
出了政治圈子之外，以大政委任爲其名的將軍，就一直是君臨爲

政之座的。但如果將軍眞是崇敬天皇的話，自然就會考慮將政權送歸朝廷的了。幽谷對此認爲天皇不携祭事是基於平安時代以來的傳統，本是霸主的將軍決不自稱「王」，且以行符合王道之祭事以嚴守名分，〈正名論〉末尾處正是如此結論的。

這樣，幽谷一邊認爲天皇之尊其上無二，一邊又認定天皇於政治意志上無自我發出，惟深居宮殿而受大政執行者將軍之崇敬，此等做法才是理想的日本之作法，爲天下而希求秩序之永遠繼續。這眞正是體現出了將軍御三家的水戶藩教學代表人物──幽谷的尊王論和天皇觀的核心之所在。這又正所謂支撐德川家天下的尊王論和天皇觀，也可以說，從中是看不出成爲明治維新最終目標的倒幕、王政復古的展望的。但這種觀點，在繼承了其學統的子東湖與門人會澤正志齋身上自不待言，就是在被仰爲幕末維新期尊王攘夷論的全國代表人物的第九代水戶藩主烈公德川齊昭身上，其基本均是不盡相同的❸。

但是，在貝利來航之後，以將軍爲頂點的體制與秩序發生了極大的動搖。將軍僅靠自身力量已無法控制天下，不得不通過與天皇之間的密切聯結、聽取諸大名們的意見等行動，來決定政務方向了。天皇諸事緘默靜作崇尊之對象已非今日所需，而是變得有力量來用天皇所持有的傳統性不可侵犯的權威左右施政方針了。這中間橋本左內的存在十分有力。他是與水戶學派同樣堅守以擁護德川家天下爲其目的的親藩立場，並欲通過果斷的幕政改革來克服外患內憂這一危機的。橋本左內認爲天皇朝廷不僅僅限於成爲崇敬的對象，而是可成爲達成政治目標的一條通道。他的

───────────────

❸　關於這一點，小著《改訂增補幕末政治思想史研究》第三章、終章中有詳細論述。

這種觀點是值得注意的。天保五（1834）年左內作為長子誕生於越前福井藩藩醫家中，十六歲遊學大阪的緒方洪庵塾，遍學蘭學、蘭醫學（卽荷蘭學與荷蘭醫學，譯者注），二十一歲時赴江戶掌握了英語、德語的讀解能力，可謂於西洋現代科學是位通曉派。而這位左內正是因為知道鴉片戰爭以來海外形勢之迫切，故力主迅速打破迄今為止的鎖國體制，以及通過推進開國通商來達致富國強兵的實現。但為此目的，就要在幕政頂峯上迎來英明自立的將軍一橋（德川）。在迄今無先例⑫的情況下，使親藩、譜代、外樣的明君、有志大名參加中央政府，而藩士、浪人、學者、庶民乃至乞丐、流氓之類最下層的人們均按其能力給予適當位置，以實現這樣的上下協助一體一心的體制。

　　這裏值得注意的是，左內在「畢竟視日本全國為一家，自是無拘小嫌猜疑是也」（《橋本景岳全集》，頁555）這一國民國家構想中，並未指明天皇朝廷應處的位置。雖說他是站在希求德川天下永世相續的親藩立場上的，但自是堅持當時成為一般風氣的尊王認識，不用說在對天皇所具有的神秘、傳統權威表示敬意上是不吝其心的。他祇是認為，在日本之政務上負責任的，歸根結柢還是在幕府一邊。因此，在政治上他對幕政改革表現出敏銳的眞知灼見的同時，他的設想又是現實和具體的，那麼，就不需要來自朝廷的陳舊權威的修飾了。然而，左內在得知在改革這一本身是確立下期將軍的運動，與反對派——紀州慶福（德川家茂）擁立派之間的抗爭，於幕府內部乃至有志大名階段問題尚未

---

⑫　以往的幕府政治，是由以二萬五千石以上的譜代大名為主，有時又加上了親藩大名的人中選拔出來的五個人為原則的老中們中間的人來進行的，擁有強大實力的外樣大名是完全無法參與的。

解決之時，他遂一轉而開始了對朝廷的工作，通過標榜天皇內心之意是在自己一派——一橋派一邊，而來獲取勝利。本來，關於朝廷、幕府之間的關係問題，左內不容置疑認爲有關大政方針，當以幕府負責來執行的，因此，對朝廷參與政治一向是持批判態度的。然而，如擁護天皇之權威有助於擊敗當前之敵，則是不容躊躇當實行之事，而左內也並非有所謂勅諚所具有的道義性份量，而需「承詔必謹」、「綸言如汗」之類的認識的。爲一橋慶喜當受內勅而赴京，勸說公卿縉紳四處奔走的左內，對不明外交的朝廷固執於鎖國攘夷，反對幕府的開國路線十分憂慮。時至今日，如仍不首肯日美修好通商條約，將有導致日本滅亡的危險。爲此，他力促不明外交事務的內矢臣三條實萬道：

> 惟恐主上，公卿均如今日優柔寡斷，則神州之沉淪益甚，結局惟因循也。（中略）此戰和二字，不知延議時如何，尊慮又不知如何，列侯之赤心如達天聽，當天下無事而治哉。（《橋本景岳全集》，頁756）

左內不得不以此來迫使條約不可這一叡慮‧勅旨的改變了。也就是說，在左內講，天皇並不見得就是「神州」本身的具體體現。在外患內憂危機中動盪不定的日本，「承詔必謹」是無法自保的。因此，天皇時下之叡慮‧勅旨並不具有絕對不可侵犯之尊嚴性，如在「神州」即國土需保全這一現實之上是必需的，則當然是應予改變的。反過來說，如於政治目的追求上叡慮‧勅旨是有效的話，則應是在補充加強上來提出要求，如不是，則是無用甚而是有害的了。簡而言之，左內所想的，天皇既非應予尊敬亦非

應當積極接近的一種存在，但如於達成政治目的上是有利的，也僅僅是在這一場合，才是可求於叡慮‧勅旨的。

由此說來，非不是說在左內身上缺乏尊王思想。這位幕末維新史上屈指可數的英傑之一左內，在當時一般所具有的尊王思想、天皇敬仰之情自是無不同於他人的。祗是如他評論王城之地京都時所說「於俗地堪兼猥雜」（《橋本景岳全集》，頁687），他獻給天皇的神秘式的熱情，大約不是那麼濃厚強烈的吧！左內身處擁護親藩德川家一邊，與以對德川天下根本上對立的外樣長州藩毛利家爲其基盤的松陰，歸根結柢其立場是不會相一致的了。

與上述幽谷、左內的天皇觀相比較，松陰始終是對天皇有著一種神秘的熱情，在他豁上了性命所進行的政治運動中，其根柢上是這種熱情在規定著他的行動，驅動著他的行動，所有這些，是顯而易見的。正因爲認識到叡慮‧勅旨所具有的份量，松陰才激烈抨擊現政權擔當者幕府的失敗，在言論上甚至想出要予以討滅，且開出打破了封建階層制的一君萬民的世界這一展望。本來，尊王論乃至天皇絕對的思想，大約是無法就此成爲創設現代國家的指導理念的。然而，時處外患內憂之危險，他認定政權擔當者的幕府將軍沒有渡過這一危機的能力，天皇朝廷作爲統合國民的結節點，就將承擔起重要的責任，以致來達成明治維新的成立，乃至現代國家的創設。時值自鎖國而往開國，自前近代而往現代，這一日本歷史上最爲重要變革的展開，生於外樣大名毛利氏的長州藩，在激烈動盪的時世中一味追尋日本可以生存下去之道的松陰，其生涯僅三十年即告終焉。但學問、思想、及作爲一個

人的眞正價值，如此了不起地在松陰五尺瘦軀上獲得了一致，不僅於明治維新史，至今，在日本二千年有餘之歷史上放射著不滅的光芒。並且，松陰今後仍將長久地活在日本人的腦海之中吧！

後　記

　　松陰死後，政治狀況因幕府領導能力的大衰退，有志大名進入中央政局而激烈地動盪不穩。在此之中，時時爲人們所求的，就是叡慮和勅旨的方向。正因爲如此，幕府也好，大名也好，還有在野志士們，都欲據此而爲本派之上，以求達成各自之目的。在這之中，始終一貫希求繼續攘夷鎖國又決不贊成倒幕、王政復古的孝明天皇的存在，給明治維新成立史投入了一個大大的問題。斷然進行違勅簽訂條約，又將反對派以安政大獄方式壓制下去的井伊大老，半年後於萬延元(1860)年三月慘死於櫻田門外之變。其後擔當幕政的老中安藤信正，他認爲通過政權擔當者將軍與傳統性權威具體體現者天皇，結成姻戚關係，即所謂以公武合體之形式，才是打開局面的唯一途徑，遂懇請皇妹和宮下嫁將軍家茂。對躊躇不決的天皇，幕府以決意實行攘夷的保證爲交換，於文久二(1862)年促成了此事。但是，安政六國（美、英、俄、荷蘭、法）條約業已成立，眼見貿易將開，攘夷要實行已無可能，天皇對幕府的不信任感則是達到了頂點。同年五月，天皇起草了〈御述懷〉一文，並密示廷臣。櫻田門外之變後攘夷派浪士襲擊幕府高官，並闖入外國公使館，天皇則認浪士們是意在替代自己而去糾正幕府的失敗，並讚揚道：「如此輩視死如歸實勇豪之

士。（中略）乃誠可愛之士」（《孝明天皇紀》三，頁891）。

由此，朝廷內三條實美，藩有長州藩及諸國脫藩浪士之周旋而倒幕。王政復古之機運逐漸開始成熟。然而，圖謀捲土重來的保守派公卿、大名、幕府方面策動的政變獲得成功，成爲文久三（1863）年八月十八日政變。倒幕派蒙勅勘被從京都放逐出去，隨卽叡慮‧勅旨爲之一變。而迄今之天皇本意，因倒幕派之策動而遭扭曲，眞意根本未達。此次政變「可忌之輩得取退深可悅之」，天皇這一宸翰送達至近衛內大臣家、島津家。而稱王政復古爲「於朕不好自初癸卽不知（中略）凡事惟委任大樹（將軍）」，卽天皇並不欲行王政復古，意在繼續迄今爲止之慣例大政仍委幕府。更有甚者，斷言倒幕。王政復古運動中挺身而出之志士們爲「可忌之輩」、「暴論之輩」，命幕府追討（《孝明天皇紀》四，頁846、930）。不容置疑，孝明天皇意圖，是値此危機當前，守日本之平安，求民之和樂。但所有這一切，對於惟視尊王攘夷方爲天皇所希之事，追究不實行攘夷的幕府，又正是應獲天皇嘉賞而不惜賭上性命的志士們來說，這種模樣的叡慮，極而言之，正是太任意隨便的了。一心僅僅生活在對天皇的一片熱情中的松陰，幸運地未遭遇到這一悲劇性矛盾。但是，生於文化十（1813）年久留米水天宮神職之家，少壯時卽早早立下大志欲行王政復古，五十二歲的生涯在燃燒中結束的眞木和泉，看到來自天皇本身的對王政復古的否定和信任幕府的這一叡慮，則是意味著所有存在的基盤均告崩潰，不啻是個沉重的打擊。如以所謂「承詔必謹」，此又係天皇詔語，自是應當拋棄王政復古運動，不再作妄念的了。

然而，和泉確信奈良時代以前，幕府嘗未存在的天皇親政時

才是日本應有的形態，認爲惟王政復古才是歷代天皇意志的集中所望之存在，故採取了不遵奉勅旨的立場。和泉邃避開拮抗叡慮‧勅諚之事，以實力率兵上京清君側來改變否定王政復古；信任幕府的傾向，走了一條哀訴嘆願的道路。不妨可以推論，和泉以爲，應當稱之爲任意隨便的當今天皇時下的意願如若無條件遵奉，則相反是違背貫通於日本歷史的理念、理想的。但和泉在禁門之變中敗退未勝，元治元(1864)年七月，在天王山頂拜皇宮自刄，眞可謂是以死相諫❶。

眞木和泉年長松陰十八歲，遺憾的是二人沒能相會論天下。但天皇觀及思想構造，二人又是極爲相似的。二人同以對天皇具有的神秘熱情爲基底，而生活在政治世界之中。只是松陰覺悟到無所作爲的天皇與有所作爲的天皇這一問題；現實中又未爲其相剋、乖離而苦惱，就在安政大獄中倒了下去；結束了自己短暫的一生。相反，和泉處在那以後的幕末政爭的漩渦之中，又站在王政復古運動的第一線，遇上了當今天皇表明不思王政復古的事，面對著不知如何處置是好的矛盾；簡而言之，此正是松陰所言發自是無所作爲之天皇，還是有所作爲之天皇這一乖離的宿命性的矛盾。

確立起松陰抓住、和泉爲之苦惱的有所作爲的天皇，作爲近代日本標誌又毫不可動搖的天皇形象，這一項工作則由明治國家的構築者大久保利通繼承下來了。大久保稱「非義勅命不在勅命」「天下萬民皆以爲是，方可謂勅命」，這正是將無所作爲的天皇往有所作爲的天皇進行補翼，目標在培育出站立在立憲國家頂點的無可動搖的天皇來；而這一切，由於明治天皇的天賦資質

---

❶　參閱小著《眞木和泉》第九、十章。

和松陰・和泉教導出來的「明治功臣」們的輔佐，結出了美好的果實；這同時也是後來者對松陰抓住、和泉苦惱過的課題的回答。而今時世又遇上了出色地完成了從大日本帝國至民主主義日本國轉換的昭和天皇駕崩，擁戴新的平成天皇的一億一千萬日本人，可以說也有這一永遠肩負著的全體國民性的課題吧。

年　　表

天保元年（西元1830年）

　　• 八月四日出生於萩松本村（山口縣萩市椿東）。

　　• 法國七月革命。

天保五年（西元1834年），五歲

　　• 六月二十日嗣叔父吉田大助之家。

　　• 三月水野邦成爲老中。

天保八年（西元1837年），八歲

　　• 二月大鹽平八郎之亂。六月毛利遜號來航。

天保九年（西元1838年），九歲

　　• 一月作爲山鹿流兵學教授見習，登藩校明倫館。

　　• 渡邊華山〈愼機論〉、高野長英〈戊戌夢物語〉成文。

天保十一年（西元1840年），十一歲

　　• 當面爲藩主毛利敬親講解《武教全書·戰法篇》，得讚賞。

　　• 鴉片戰爭發生。

天保十三年（西元1842年），十三歲

　　• 叔父玉木文之進，開松下村塾。隨兄梅太郎。

　　• 七月薪水給與令發出。鴉片戰爭結束。

嘉永元年（西元1848年），十九歲

　　• 一月，成獨立師範。

　　• 法國二月革命。

嘉永二年（西元1849年），二十歲

- 六月，依藩命巡視須佐、大津、豐浦、赤間關等各地海岸。

嘉永三年（西元1850年），二十一歲

- 八月二十五日出發開始北部九州遊歷，十二月二十九日返家。

- 太平天國之亂發生。

嘉永四年（西元1851年），二十二歲

- 三月五日為兵學研究上府，四月九日抵江戶，從學佐久間象山等人。十二月十四日未得藩之許可而出發開始東北遊歷，在水戶過年。

嘉永五年（西元1852年），二十三歲

- 一月十一日會見會澤正志齋。一月二十日離水戶，四月五日返抵江戶。受命歸國，四月十八日離江戶、五月十二日抵萩。十二月九日士籍世祿遭剝奪，生活為父親所助。藩主內諭，使其乞準十年間遊學諸國。

- 六月，荷蘭予先通告貝利來航一事，勸日本早日開國。

嘉永六年（西元1853年），二十四歲

- 一月二十六日出發開始諸國遊學，五月二十四日抵江戶。六月四日聞知貝利來航，遂往浦賀一行，以探聽消息，六月十日返回江戶。此段時間隨佐久間象山研究西洋式砲術。九月十八日與象山謀，欲搭乘俄國使節普其亞欽軍艦而往長崎；十月二十七日抵長崎。因普察金正欲撤去之中，故踏上歸途，十一月十三日抵萩。十二月四日於京都與梅田雲濱等相交，十二月二十七日返抵江戶。

- 六月貝利來航浦賀。七月普其亞欽來航長崎。

安政元年（西元1854年），二十五歲

- 三月五日決意海外渡航而自江戶出發，三月十八日抵下田。三月二十七日搭乘來航下田之中的貝利艦隊未果，翌日自首，四月十五日被投入江戶傳馬町獄舍。九月十八日判決，爲蟄居萩。九月二十三日離江戶，十月二十四日抵萩，入野山獄。
- 一月貝利再度來航。三月日美和親條約。八月日英和親條約。十二月日俄和親條約。

安政二年（西元1855年），二十六歲

- 四月十二日～六月十日爲同囚之人講釋《孟子》。六月十三日開講《講孟餘話》。十二月十五日獲囚獄由父親監管。十二月十七日與父兄等再開《講孟餘話》。
- 一月金子重之助死於獄中。十月江戶大地震。十二月日本荷蘭和親條約。

安政三年（西元1856年），二十七歲

- 六月十三日《講孟餘話》最終一講。八月二十二日爲近親子弟開講《武教全書》，此爲松陰主辦之松下村塾之基礎。十二月十八日於幽室中與梅田雲濱會見。
- 八月美國總領事哈利斯到任，阿羅號戰爭發生。庫利米亞戰爭結束。

安政四年（西元1857年），二十八歲

- 十一月五日松陰主持之松下村塾擴建。十二月五日，其妹文與久坂玄瑞結婚。
- 六月老中阿部正弘歿。十月哈利斯出府，謁見將軍。

安政五年（西元1858年），二十九歲

- 三月十一日松下村塾再行擴建。七月知違勅簽訂之事，續作時勢論。九月九日授暗殺水野忠央之策於江戶松浦松洞。九月二十八日謀大原重德西下策。十月使赤根武人脫藩，破壞京都伏見獄，以謀解放志士。十一月六日與同志十七人謀諫老中間部詮勝要之策。十一月二十九日成爲單室嚴囚。十二月五日以借牢形式之投獄令發出。十二月二十六日被投入野山獄。十二月二十九日與使其來萩的水戶藩士關鐵之介等相呼應，謀自獄中決起未果。

- 四月井伊直弼成大老。六月日美修好通商條約違勅簽訂。八月水戶藩中降下戊午密勅，九月安政大獄開始。清、英法間天津條約成立。

安政六年（西元1859年），三十歲

- 一月二十四日憤慨時勢而絕食二日。二月二十四日使野村和作脫走，與大原重德等謀事未果，三月五日雖松陰反對然藩主參勤交代出發。此時松陰不知時機行又過激，眾多門生敬而遠之，故十分苦惱。五月十四日報知幕府松陰當東押之訊。五月二十四日福川犀之助獨斷使松陰返家。五月二十五日離萩，六月二十四日抵江戶。囚禁於長州藩江戶邸。七月九日第一回訊問之後，入傳馬町獄。九月五日第二回訊問。十日五日第三回訊問。十月十六日聽宣讀口供，已知死刑難免。十月二十六日《留魂錄》成。十月二十七日處刑。十月二十九日在江戶門人收屍，葬於小塚原回向院。

- 二月神奈川、長崎、箱館開港，允與美、荷蘭、俄、英、法五國貿易。八月安島帶刀等與水戶藩有關之人被處刑。

九月梅田雲濱死於獄中。十月橋本左內等被處刑。

文久三年（西元1863年），歿後四年

- 一月五日高杉晉作等改葬松陰於世田谷‧若林，現東京都世田谷區芳林松陰神社卽是。

明治二十二年（西元1889年），歿後三十年

- 二月十一日追贈正四位。
- 二月大日本帝國憲法頒佈。

明治四十年（西元1907年），歿後四十八年

- 十月三日萩松陰神社創建。

參 考 書 目

一、資料集

1. 山口縣教育會《吉田松陰全集》（全10冊），1936，岩波書店。
2. 同上《吉田松陰全集》（全12冊，普及版），1940，同上。
3. 吉田常吉外二名《日本思想大系》54吉田松陰，1978，同上。

二、傳　記

1. 野口勝一・富岡政信《吉田松陰傳》，1891，野史臺。
2. 德富蘇峰《吉田松陰》，1893，民友社。
3. 玖村敏雄《吉田松陰》，1936，岩波書店。
4. 奈良本辰也《吉田松陰》，1951，同上。
5. 下程勇吉《吉田松陰》，1953，弘文堂。

三、總合的研究

1. 廣瀨豐《吉田松陰の研究》，1934，武藏野書院。
2. 下程勇吉《吉田松陰の人間學的研究》，1988，廣池學園出版部。

四、關連的研究

1. 文部省維新史料編纂事務局《維新史》1, 2, 3; 1939～1941，明治書院。
2. 山口宗之《改訂增補幕末政治思想史研究》，1982，ペリカそ社。

3.同上《ペリー來航前後──日本開國史》，1988，同上。

五、論文（學會誌等）

1.玉‧川治三〈吉田松陰〉，玉‧川治三著《辜撰論》所收，1943，四海書房。

2.山口宗之〈幕末の天皇觀〉，《季刊日本思想史學》13所收，1980。

3.同上〈吉田松陰の天皇觀〉，《日本思想史學》15所收，1983。

索　引

一、人　名

二、著 作 名

三、術　語

世界哲學家叢書(一)

書　　　　名	作　　者	出　版　狀　況
董　　仲　　舒	韋　政　通	已　　出　　版
程顥、程頤	李　日　章	已　　出　　版
王　　陽　　明	秦　家　懿	已　　出　　版
王　　　　弼	林　麗　真	已　　出　　版
陸　　象　　山	曾　春　海	已　　出　　版
陳　　白　　沙	姜　允　明	撰　　稿　　中
劉　　蕺　　山	張　永　儁	撰　　稿　　中
黃　　宗　　羲	盧　建　榮	撰　　稿　　中
周　　敦　　頤	陳　郁　夫	已　　出　　版
王　　　　充	林　麗　雪	排　　印　　中
莊　　　　子	吳　光　明	已　　出　　版
老　　　　子	劉　笑　敢	撰　　稿　　中
張　　　　載	黃　秀　璣	已　　出　　版
眞　　德　　秀	朱　榮　貴	撰　　稿　　中
顏　　　　元	楊　慧　傑	撰　　稿　　中
墨　　　　子	王　讚　源	撰　　稿　　中
邵　　　　雍	趙　玲　玲	撰　　稿　　中
賈　　　　誼	沈　秋　雄	撰　　稿　　中
孔　　　　子	秦　家　懿	撰　　稿　　中
孟　　　　子	黃　俊　傑	撰　　稿　　中
朱　　　　熹	陳　榮　捷	已　　出　　版
王　　安　　石	王　明　蓀	撰　　稿　　中
揚　　　　雄	陳　福　濱	撰　　稿　　中
劉　　　　勰	劉　綱　紀	已　　出　　版
淮　　南　　子	李　　增	撰　　稿　　中

世界哲學家叢書 (二)

書　　　　　名	作　　者	出 版 狀 況
袾　　　　　宏	于 君 方	撰　稿　中
永　明　延　壽	冉 雲 華	撰　稿　中
宗　　　　　密	冉 雲 華	已　出　版
方　　以　　智	劉 君 燦	已　出　版
章　　太　　炎	姜 義 華	排　印　中
李　　　　　覯	謝 善 元	排　印　中
戴　　　　　震	張 立 文	排　印　中
吉　　　　　藏	楊 惠 南	已　出　版
惠　　　　　能	楊 惠 南	撰　稿　中
玄　　　　　奘	馬 少 雄	撰　稿　中
龍　　　　　樹	萬 金 川	撰　稿　中
智　　　　　顗	霍 韜 晦	撰　稿　中
竺　　道　　生	陳 沛 然	已　出　版
慧　　　　　遠	區 結 成	已　出　版
僧　　　　　肇	李 潤 生	已　出　版
知　　　　　禮	釋 慧 嶽	撰　稿　中
大　慧　宗　杲	林 義 正	撰　稿　中
世　　　　　親	依 昱 法 師	撰　稿　中
道　　　　　元	傅 偉 勳	撰　稿　中
西 田 幾 多 郎	廖 仁 義	撰　稿　中
伊　藤　仁　齋	田 原 剛	撰　稿　中
貝　原　益　軒	岡 田 武 彥	已　出　版
山　崎　闇　齋	岡 田 武 彥	已　出　版
楠　本　端　山	岡 田 武 彥	撰　稿　中
山　鹿　素　行	劉 梅 琴	已　出　版

世界哲學家叢書(三)

書名	作者	出版狀況
吉田松陰	山口宗之	排印中
荻生徂徠	劉梅琴	撰稿中
富永仲基	陶德民	撰稿中
李退溪	尹絲淳	撰稿中
李栗谷	宋錫球	撰稿中
休靜	金煐泰	撰稿中
知訥	韓基斗	撰稿中
元曉	李箕永	撰稿中
狄爾泰	張旺山	已出版
哈伯馬斯	李英明	已出版
巴克萊	蔡信安	撰稿中
呂格爾	沈清松	撰稿中
柏拉圖	傅佩榮	撰稿中
休謨	李瑞全	撰稿中
胡塞爾	蔡美麗	已出版
康德	關子尹	撰稿中
海德格	項退結	已出版
洛爾斯	石元康	已出版
史陶生	謝仲明	撰稿中
卡納普	林正弘	撰稿中
奧斯汀	劉福增	撰稿中
洛克	謝啟武	撰稿中
馬塞爾	陸達誠	撰稿中
約翰彌爾	張明貴	已出版
卡爾巴柏	莊文瑞	撰稿中

世界哲學家叢書(四)

書　　　　　名	作　　者	出　版　狀　況
赫　　　　　爾	馮　耀　明	撰　稿　中
漢　娜　鄂　蘭	蔡　英　文	撰　稿　中
韋　　　　　伯	陳　忠　信	撰　稿　中
奎　　　　　英	成　中　英	撰　稿　中
馬克斯・謝勒	江　日　新	已　出　版
馬　　克　　思	許　國　賢	撰　稿　中
雅　斯　培	黃　　藿	撰　稿　中
聖奧古斯丁	黃　維　潤	撰　稿　中
聖　多　瑪　斯	黃　美　貞	撰　稿　中
梅　露・彭　廸	岑　溢　成	撰　稿　中
黑　格　爾	徐　文　瑞	撰　稿　中
盧　卡　契	錢　永　祥	撰　稿　中
亞里斯多德	曾　仰　如	已　出　版
笛　卡　兒	孫　振　青	已　出　版
盧　　　　　梭	江　金　太	撰　稿　中
馬　利　丹	楊　世　雄	撰　稿　中
柯　靈　烏	陳　明　福	撰　稿　中
維　根　斯　坦	范　光　棣	撰　稿　中
魯　　一　　士	黃　秀　璣	撰　稿　中
高　達　美	張　思　明	撰　稿　中
希　　　　　克	劉　若　韶	撰　稿　中
萊　布　尼　玆	錢　志　純	撰　稿　中
祁　克　果	陳　俊　輝	已　出　版
德　希　達	張　正　平	撰　稿　中
懷　德　黑	陳　奎　德	撰　稿　中

世界哲學家叢書 (五)

書　　　　　名	作　者	出版狀況
史賓格勒	商戈令	排印中